DUMONT

Wussten Sie, dass man im alten Rom lebendige Vögel aus gebratenen Wildschweinen flattern ließ? Dass die Christen im Mittelalter ungefähr ein Drittel des Jahres fasten mussten? Und dass der Proviant des Kosmonauten Gagarin 1961 aus Schokoladensauce und püriertem Fleisch in Tuben bestand?

In ›Wie isst man ein Mammut?‹ erzählt Uta Seeburg chronologisch und anhand von fünfzig exemplarischen Gerichten Überraschendes, Kurioses und Wissenswertes aus der Welt der Kulinarik. Vom gegrillten Mammut bis zur Ikone der Molekularküche »Flüssige Olive«: Jedes Kapitel beschreibt ein Gericht und erklärt, warum seine Erfindung einen historischen Schlüsselmoment markiert. So berichtet Seeburg von den Bismarckjahren, in denen Köche ihre neuesten Kreationen vorzugsweise nach dem Kanzler benannten, und erklärt, warum Toast Hawaii symptomatisch für die Küche der Nachkriegszeit war. Geistreich, kenntnisreich und humorvoll zeigt sie, was die Menschen in unterschiedlichen Zeiten bewegte – und wie sich dies in ihren Speisen widerspiegelte.

Uta Seeburg arbeitete jahrelang als Redakteurin für die Zeitschrift »Architectural Digest«. Dort berichtete sie über Design und Reisen, verfasste zudem zahlreiche kulinarische Essays. Heute widmet sich die promovierte Literaturwissenschaftlerin und Autorin historischer Kriminalromane ganz dem Schreiben von Büchern. Auf ihrer interaktiven Webseite www.utaseeburg.de gibt sie Einblicke in ihr Werk.

Uta Seeburg

WIE ISST MAN EIN MAMMUT?

In 50 Gerichten
durch die Geschichte
der Menschheit

DUMONT

Meinen Eltern – stets hungrig
nach Wissen, Geschichten und gutem Essen.

Das bei der Produktion dieses Buches entstandene CO_2 wurde
durch die Finanzierung von Klimaschutzprojekten kompensiert:
climate-id.com/17531-2110-1001/de

November 2024
DuMont Buchverlag, Köln
Alle Rechte vorbehalten
© 2023 DuMont Buchverlag, Köln
Umschlaggestaltung: Lübbeke Naumann Thoben, Köln
Umschlagabbildung: © Stephan Rehberg, Bornheim
Satz: mittelstadt 21, Vogtsburg-Burkheim
Gesetzt aus der Minion
Druck und Verarbeitung: CPI books GmbH, Leck
Gedruckt auf säurefreiem und chlorfrei gebleichtem Papier
Printed in Germany
ISBN 978-3-7558-0514-4

www.dumont-buchverlag.de

Inhalt

Gruß aus der Küche *9*

UM 11.000 V. CHR. — Gegrilltes Mammut,
Nordamerika *11*

UM 5500 V. CHR. — Getreidebrei und Einkorn-
brot, Mitteleuropa *15*

UM 1730 V. CHR. — Lammeintopf mit Gersten-
kuchen, Babylonien *20*

UM 1400 V. CHR. — Mumifizierte Rinderrippchen,
Ägypten *25*

UM 850 V. CHR. — *Mansaf*, Syrien *30*

UM 700 V. CHR. — Traubenbrot und gebackene
Zwiebeln, Etrurien *35*

UM 30 N. CHR. — Brot und Wein, Römisches
Palästina *40*

UM 100 N. CHR. — Gladiatoreneintopf, Römisches
Reich *44*

UM 600 N. CHR. — *Injera*, Aksumitisches Reich . . .   *49*

UM 1150 — Heilsuppe, Heiliges Römisches Reich... *54*

UM 1200 — Feuertopf, Kaiserreich China........ *58*

UM 1350 — Blamensir, Heiliges Römisches Reich... *63*

UM 1360 — Lotusblüte, aus einer Wassermelone
geschnitzt, Sukhothai *68*

UM 1500 — Curry, Indien *73*

UM 1550 — 12 Unzen feste Nahrung, 14 Unzen
Wein, Italien *78*

UM 1560 — Falscher Rehbraten, Heiliges
Römisches Reich Deutscher Nation *83*

1584 — Borschtsch, Polen-Litauen *88*

UM 1650 — Gebratener Schwan, Europa *93*

1651 — Sauce, Frankreich *98*

UM 1700 — *Tea time*, Königreich England *102*

1770 — Pellkartoffel, Königreich Preußen *107*

UM 1790 — Picknick, Frankreich und Vereinigtes
Königreich Großbritannien und Irland *113*

UM 1810 — Dosenfleisch, Französisches
Kaiserreich *118*

UM 1830 — *Nigiri sushi*, Japan *123*

UM 1860 — *Fish and chips*, Vereinigtes
Königreich Großbritannien und Irland *128*

UM 1880 — Gerichte namens Bismarck,
Deutsches Kaiserreich *133*

1882 — Hungerstreik, Russisches Zarenreich *137*

1883 — Rumänischer Kaviar und Rinderfilet *à la
jardinière*, zwischen Paris und Konstantinopel . . .   *142*

UM 1900 — Pastrami-Sandwich, USA *148*

UM 1900 — Kleiner Schwarzer, Österreichisch-
Ungarische Monarchie *154*

1917 — Steckrübenmarmelade, Deutsches
Kaiserreich *159*

UM 1920 — Stammessen, Weimarer Republik . . .   *164*

UM 1930 — Bauhaus-Schnittchen und
Carneplastico, Europa *169*

1933 — *Langouste belle aurore*, Französische
Republik *174*

UM 1935 — Totenbrot und Zuckerschädel, Mexiko   *179*

1937 — BBC-Omelett, Vereinigtes Königreich
Großbritannien und Nordirland *183*

1944 — Gemüsepastete, Vereinigtes Königreich
Großbritannien und Nordirland *188*

1946 — Resteessen, weltweit 193

1948 — Hamburger, USA 198

UM 1950 — *Bánh mì*, Vietnam 202

1955 — Toast Hawaii, Bundesrepublik
Deutschland 207

1958 — Volks-Nudelsuppe, Volksrepublik China . . . 212

1969 — Dehydrierte Hühnersuppe, Weltall 216

UM 1970 — Das Buffet, Bundesrepublik
Deutschland 221

1976 — *Gatsby sandwich*, Südafrika 226

UM 1995 — Flüssige Olive, Königreich Spanien . . . 231

1999 — Nackter Lammbraten, Vereinigtes
Königreich Großbritannien und Nordirland 235

2003 — Pilz-Muschel-Brühe an Heu,
Königreich Dänemark 240

UM 2010 — Salat von der Nomura-Qualle, Japan . . . 245

2020/21 — Pandemisches Dinner, weltweit....... 250

Literatur 254

Gruß aus der Küche

Zugegeben, ich hatte es mir recht einfach vorgestellt: Mit diesem Buch wollte ich einen kulinarischen Spaziergang durch die Geschichte der Menschheit unternehmen, sozusagen mit dem Probierlöffel in der Hand – mal in Babylon in die Töpfe lugen, bei den Römern zu Tisch liegen, im Mittelalter eine heilende Suppe schlürfen, zum Abschluss dann vielleicht einen dekonstruierten Erbseneintopf der molekularen Küche degustieren. Jedes dieser Gerichte ist ein Kind seiner Zeit, sagt etwas darüber aus, was die Menschen einer bestimmten Epoche bewegt, worum ihre Gedanken kreisen – und was ihnen schmeckt.

Ziemlich schnell stellte ich fest, dass es bei diesem gemütlichen Spaziergang nicht bleiben kann. Der Löffel würde wohl auch in ziemlichen Untiefen fischen müssen. Denn das Thema Essen, zunächst mal ganz simpel des Menschen existenziellstes Bedürfnis, wird beim genaueren Hinsehen zum vielstimmigen Überraschungsmenü. Essen ist soziales Fundament und Gemeinschaft, in ihm liegen aber auch Macht und gnadenlose Hierarchie. Es ist eifersüchtig verteidigtes Nationalgut. Die Diskussion über Essen ist zunehmend politisiert, es kann sogar zum Mittel zivilen Ungehorsams werden. Die finstersten Kapitel der Menschheit fußen auf der Abwesenheit von Essen: Hungersnöte, auf die nicht selten Phasen exzessiven Schlemmens folgen. Essen ist natürlich Genuss, aber auch Erinnerung, Weltflucht und Nostalgie.

All diesen Phänomenen bin ich auf meiner kulinarischen Reise begegnet. Und freue mich nun, Ihnen dieses Buffet zu eröffnen. Bringen Sie Appetit mit!

Gegrilltes Mammut, Nordamerika

Zwei Dinge braucht es für eine Küche: eine Hitzequelle und Geräte, mit denen man zerkleinern und zubereiten kann. Und dann muss noch jemand die Zutaten besorgen. Mit diesem scheinbar simplen Konzept ist dem Menschen seine erstaunliche Entwicklung gelungen: Jener unauffällige Schnorrer, der mit bang klopfendem Herzen hinter einem Busch kauert, während ein paar wilde Säbelzahnkatzen ein Bison reißen, gefolgt von den Hyänen, die noch die Reste vertilgen, bis dann endlich er zu den abgeknabberten Knochen huschen kann, die er mit seinem Faustkeil aufbricht, um das Mark auszuschlürfen, jenes wenig vielversprechende Geschöpf also kocht sich an die Spitze der Nahrungskette. (Wem das Auskratzen von Knochen irgendwie roh und archaisch erscheint, sei nur darauf hingewiesen, dass man heute noch bei gut sortierten Antiquitätenhändlern reizend ziselierte silberne Marklöffel finden kann, perfekt länglich geformt, um in jedes Eckchen des Knochens zu gelangen.

Diese stammen beispielsweise aus vornehmen viktorianischen Herrenhäusern.)

Fairerweise muss zudem gesagt werden, dass Knochenmark ungewöhnlich proteinhaltig ist. Es sorgt dafür, dass das menschliche Gehirn ordentlich wächst, und diese wachsenden geistigen Kapazitäten lassen den Menschen immer komplexere Werkzeuge ersinnen und bringen ihn schließlich auf die Idee, das Feuer zu bändigen. Und voilà – es sind ein paar Hunderttausend Jahre vergangen – kann der Mensch Fleisch und Gemüse, das in rohem Zustand schwer verdaulich, ungenießbar und teilweise sogar giftig wäre, kochen, schmoren, braten und räuchern. Letztere Idee entsteht möglicherweise, nachdem man den einen oder anderen Wald niedergebrannt hat und danach ein paar Tierkadaver mit besonders intensivem Raucharoma einsammelt.

Vor rund zwanzigtausend Jahren dann sorgt die Eiszeit dafür, dass die Oberfläche jenes Meers, das man später Beringstraße nennt, dermaßen solide zufriert, dass ein besonders abenteuerlustiger Schlag Mensch auf den amerikanischen Kontinent gelangen kann. Diese Menschen entwickeln sich zu extrem erfolgreichen Jägern, deren unbekümmerte carnophile Einstellung vermutlich dafür sorgt, dass die Spezies der Mammuts, Hirschelche und Riesenfaultiere aussterben. Ihre Kultur ist nach dem ersten Fundort ihrer steinernen Speerspitzen benannt: Clovis.

Neben der schieren körperlichen Notwendigkeit der Nahrungsaufnahme hat Essen immer auch eine soziale

Dimension, deren Kern sich von Epoche zu Epoche verändert. Mal steht das Miteinander bei Tisch im Vordergrund, mal zeigt man mit dem, was auf die eigene Tafel kommt, auf welcher Stufe der Gesellschaft man steht. In manchen Zeiten interessiert vor allem der Moment, in dem serviert wird, während eine andere Generation sich plötzlich hauptsächlich für das Kochen an sich interessiert, für all die schönen kleinen Momente, wenn Butter zischend zerläuft, dampfende Sauce hochkocht oder der Braten übergossen wird. Die kulinarischen Gedanken unserer Großwildjäger der Clovis-Kultur dürften hauptsächlich um all das, was noch davor kommt, kreisen, nämlich um das Aufspüren und Erlegen des Essens. Die Jagd eines Mammuts etwa erfordert Planung, Ortskenntnis – und viel Geduld. Die Clovis-Jäger suchen sich meist einen Hügel an einem Fluss oder einer Wasserquelle, von dem sie eine gute Aussicht haben, und harren dort aus, bis eine Mammutherde zum Trinken kommt. Während sie warten, beschäftigen sie sich oftmals damit, weitere tödliche Spitzen aus Feuerstein herzustellen. Diese sind nicht besonders groß, länglich und messerscharf. Manch einer ritzt zum Zeitvertreib auch mal ein dekoratives geometrisches Muster in einen Kieselstein oder eine hübsche Blume. Die Spitzen jedenfalls werden an leichten Wurfspeeren befestigt und, sobald sich die ersten unglücklichen Mammuts zeigen, auf diese geschleudert.

Ungemein vorteilhaft ist die leicht geriffelte Struktur der Spitzen, denn diese sorgt augenblicklich für starke

Blutungen bei jedem Tier, egal wo es getroffen wird. Man braucht also kein brillanter Werfer zu sein, sondern muss auch hier wieder lediglich warten, bis das Mammut vom Blutverlust so benebelt ist, dass man näher herangehen und es endgültig töten kann. Danach werden die Kolosse noch vor Ort gemeinschaftlich zerlegt und abtransportiert, während der Flusslauf sich flammend rot färbt. Wie die Fleischstücke schließlich genau zubereitet werden, ob es vielleicht besonders köstliche Varianten gibt – geschmorte Mammutschulter an Wildkräutern und Früchten wäre doch denkbar –, lässt sich nicht mehr sagen. Auch wie so ein Mammut an sich eigentlich schmeckt, bleibt wohl ein ungeklärtes Geheimnis der Menschheitsgeschichte. Ein gewisser New Yorker Herrenclub nimmt jahrzehntelang für sich in Anspruch, im Jahre 1951 ein Stück im arktischen Eis konserviertes Mammutfleisch verspeist zu haben, doch dummerweise ergeben spätere DNA-Analysen, dass bei dem eiszeitlichen Dinner lediglich Suppenschildkröte serviert wurde.

Es steht aber zu vermuten, dass das Fleisch eher zäh ist, man wird es also etwas länger grillen müssen. Und vielleicht sitzen die Clovis-Menschen dabei ums Feuer, bearbeiten ihre neueste Robe aus Mammutfell und tauschen sich darüber aus, wie ihr Tag so war. Vertrauter Feierabend, durchweht vom Duft des langsam garenden Mammuts, der dafür sorgt, dass sich allseits bereits wohlig die Innenwände der Gaumen zusammenziehen. Bis sich die alle Zeiten überdauernde Frage stellt: Wann ist das Essen endlich fertig?

UM 5500 V. CHR.

Getreidebrei und Einkornbrot, Mitteleuropa

Jahrtausendelang streift der Mensch durch Wälder und Savannen, erlegt die reichlich vorhandenen Tiere, sammelt und verzehrt, was in üppiger Ursprünglichkeit um ihn herum wächst. Hin und wieder einmal dürfte auch eine Handvoll wild gewachsenes Getreide dabei gewesen sein, und damit ist die Saat gesät. Seit dem Ende der letzten Eiszeit ist es wärmer geworden. Überall schießt das Getreide aus dem Boden, nach und nach beginnen die Menschen es zu ernten und zu verarbeiten, und schließlich bauen sie es im großen Stil an. Der Mensch nutzt hier seinen Wettbewerbsvorteil gegenüber den Tieren, mit denen er um leicht zugängliches Essen konkurrieren muss: Er verlegt sich auf solche Nahrungsmittel wie Getreide, die roh ungenießbar sind und erst weiterverarbeitet werden müssen, bevor man etwas Essbares daraus zaubern kann. Aus vorübergehenden Lagern an einer besonders dichten Wiese werden Dörfer mit Feldern, die von Generation zu Generation mit immer mehr Akribie und schweißtreibender Anstrengung angelegt und bestellt werden. »Nicht wir haben den Weizen domestiziert, der Weizen hat uns domestiziert«, schreibt Yuval Noah Harari.[1]

An diesem Punkt der Geschichte dreht sich die ganze Existenz des Menschen ums Essen. Die Pflege, Kultivierung, Ernte und Verarbeitung seiner Nahrungsmittel bestimmen seinen gesamten Alltag. Sogar sein Haus ist zuallererst so konstruiert, dass es der Aufbewahrung und Zubereitung des Essens dient. Letztendlich ist es einfach eine bewohnbare Vorratskammer mit Kochstation. Eine typische jungsteinzeitliche Siedlung besteht aus mehreren lang gestreckten Häusern, die vielleicht einen kleinen Weiher säumen. Die Häuser sind recht groß, etwa zwanzig Meter lang, in jedem davon leben wohl bis zu dreißig Personen. Solch ein Haus hat ein kräftiges Gerippe aus Holzpfosten. Unermüdliche Hände haben Ruten geflochten, mit diesem Flechtwerk die Pfähle umspannt und dann alles mit grobem Lehm verputzt. Obendrauf ein Giebeldach, mit Schilfrohren gedeckt. Wie übergroße, schlaffe Hüte hängen diese Dächer fast bis zum Boden hinunter. Sonnenlicht fällt nur durch die offen stehende Tür an einem Ende des tunnelartigen Hauses.

Jedes dieser Häuser hat ein Herz aus Feuer: die Kochstelle. Sie liegt immer in der Mitte. Vermutlich sitzen die Bewohner des Hauses bei ihren Mahlzeiten um das Feuer herum. Die zum Allgemeinplatz gewordene Aussage, dass die Küche das Herz eines jeden Hauses sei, sie hat hier im Neolithikum, in den ersten Tagen menschlichen Wohnens, ihren Ursprung. Das Haus ist außerdem der trockenste Ort des Dorfes (und vermutlich auch der Ort, den man am besten im Blick und unter Kontrolle hat, sollten Getreidediebe durch die Siedlung streifen), deshalb gibt es mindestens einen Raum, in dem die Vorräte gelagert werden. Im offenen Zwischengeschoss unterm Dach lagert noch mehr, möglicherweise hängen hier auch büschelweise Kräuter zum Trocknen unter der Decke. Und wahrscheinlich ist unser Haus vollgestellt mit jener erstaunlichen Erfindung, die neben Pflanzenkultivierung und Sesshaftigkeit einen weiteren immensen zivilisatorischen Schub verantwortet: das Tongefäß. Die Krüge, Schüsseln und Amphoren sind von wundersamer Schönheit. Geschwungene Linien, konzentrisch angeordnete Tröpfchen und wellenartige Zacken wurden in den gebrannten Ton geritzt, Kreise und Spiralen in erdigen Farben zieren die gewölbten Bäuche der Schalen. Vor der Erfindung dieser Gefäße wurden Lebensmittel in Bodenlöchern und Körben aufbewahrt, wo sie entweder schnell verdarben oder von allerlei Getier gefressen wurden. Der Tontopf sorgt dafür, dass Vorräte in größeren Mengen angelegt werden können. Und natürlich ist richtiges Kochen erst möglich, seitdem es Töpfe gibt.

Mit seinem neuen Bauerndasein hat der Mensch seinen Lifestyle nicht wirklich verbessert. Vor allen Dingen, was seine Ernährung betrifft, hat er sich einer faden Einseitigkeit verschrieben, die zudem ein großes Risiko birgt. Sein Speiseplan sieht von nun an deutlich vegetarischer aus; es wird weniger gejagt, das Zeitalter der in der Nähe des Hauses lebenden Nutztiere hat begonnen. Es gibt also hin und wieder Fleisch vom Schwein, Rind, Schaf oder von der Ziege. Das wichtigste Nahrungsmittel aber ist der Weizen. Ein riesiges Wagnis. Denn auch wenn das Getreide von nun an gelagert werden kann, so reichen die Vorräte doch nicht, um eine verdorbene Ernte auszugleichen, und in diesem Fall drohen unbarmherzige Hungersnöte.

Heute allerdings herrscht eine festliche Stimmung im Dorf. Die Ernte ist gelungen, die Vorratskammern voll. Der Weizen – wir sprechen hier von sehr frühen Formen, die eben erst der ursprünglichen Wildheit entwachsen sind, nämlich Einkorn und Emmer – wird zunächst leicht geröstet, um ihn haltbarer zu machen. Dann folgt der mühsame Prozess des Mahlens mithilfe schwerer Reibsteine. Die Tage im Neolithikum sind geprägt vom Klang eines faustgroßen Steins, der über einen größeren flachen Stein gerieben wird, begleitet von dem monotonen hohen Klopfen, wenn beide aufeinanderprallen. Nach dem Mahlen müssen die Spelzen, also die Hüllen der einzelnen Körner, entfernt werden; eine weitere undankbare Plackerei, die der Mensch der landwirtschaftlichen Revolution zu verdanken hat. Das Brot aus Mehl und Wasser wird vermutlich in einem kuppelförmigen Lehmofen gebacken, der sich außerhalb des Hauses befindet. Über dem offenen Feuer der Kochstelle wurde derweil ein Topf platziert, in dem vermutlich eine Art Brei köchelt. Getreideeintöpfe werden den Menschen noch sehr lange begleiten. Die jungsteinzeitliche Variante ist vielleicht verfeinert mit Erbsen oder Linsen, auch im Wald wird noch saisonal gesammelt; Wildfrüchte, Pilze und Nüsse könnten sich auch in dem warmen Topf in der Mitte des Hauses finden.

Das Brot ist fertig, es sind flache, harte Fladen. Man muss sehr vorsichtig in dieses frisch gebackene Brot beißen, ansonsten könnte einem ein scharfer Schmerz ins Zahnfleisch schießen. Denn alle Spelzen werden so gut wie nie erwischt. Diese winzigen Dinger sind ungewöhnlich hart und spitz und können empfindliche Verletzungen im Mundraum verursachen – noch so ein Ärgernis des Neolithikums. Und so sinkt der Mensch nach etwa fünfunddreißig Jahren auf dieser Erde ins Grab. Er hat sein Leben lang hart gearbeitet und nicht besonders gut gegessen. Und doch ist er der Anfang von allem, was wir heute sind.

UM 1730 V. CHR.

Lammeintopf mit Gerstenkuchen, Babylonien

Eines der ältesten niedergeschriebenen Kochrezepte der Menschheit lautet: »Lammeintopf. Fleisch wird verwendet. Bereite Wasser vor. Füge feinkörniges Salz, getrocknete Gerstenkuchen, Zwiebeln, persische Schalotte und Milch hinzu. Man zerkleinert und fügt Lauch und Knoblauch hinzu.« Um 1730 vor Christus werden diese Worte in akkadischer Keilschrift mithilfe eines Schilfgriffels in eine kleine Tafel aus Ton geritzt, mit einiger Wahrscheinlichkeit in der Stadt Babylon. Weich gibt der ungebrannte Ton unter der feinen Spitze des Griffels nach. Neben diesem Rezept werden noch weitere dokumentiert, es sind Anleitungen für die Zubereitung von Brühen, mehreren Eintöpfen und einem Hühnerkuchen, in dessen Innerem sich als Überraschung Fleisch befindet; insgesamt fünfundzwanzig Rezepte wird man in ferner Zukunft noch entziffern können. Diese kleinen beschrifteten Tafeln backt man zur Härtung, dabei färben sie sich leuchtend orange. In Archiven bewahrt man sie auf, ein uraltes schlummerndes Gedächtnis des Menschen, das irgendwann unter Trümmern und Erde verschwindet, bis es knapp viertausend Jahre später wieder ausgegraben wird.

Babylon ist zu dem Zeitpunkt, als der Lammeintopf schriftlich festgehalten wird, die größte Stadt der Welt. Ihre eng zusammenstehenden Häuser werden von einer gigantischen Stadtmauer umschlossen. Fremde wähnen sich im Innern der Metropole in einem Labyrinth, obwohl die Straßen schnurgerade gezogen sind. Doch die Häuserreihen sehen einander zum Verwechseln ähnlich, es sind glatte, fensterlose Fassaden, die ihr Innerstes vor fremden Blicken verbergen. Im Stadtkern ragt ein Turm scheinbar bis in den Himmel hinein, er besteht aus monumentalen Terrassen. Der Legende nach sollte dieser Turm noch höher werden, doch die Menschen, die ihn bauten, konnten sich nicht mehr verständigen, da ihre verschiedenen Sprachen für Verwirrung sorgten. Fest steht: Die Entstehung einer der ersten Großstädte der Welt muss eine schockartige Erfahrung sein. In dieser Begegnung mit dem leibhaftigen Chaos, dem Gefühl der Ohnmacht ob einer so schnell wachsenden Gesellschaft, liegt wiederum der Kern der vielleicht wichtigsten Erfindung der Menschheit: der Schrift. In Babylon und den weiteren sich schnell entwickelnden Stadtstaaten Mesopotamiens soll die Verschriftlichung der Welt für Ordnung sorgen.

Denn wie sonst soll man dieses stolze Babylon, diesen prachtvollen Moloch, in den Griff bekommen, wenn man ihn nicht verwaltet und Strukturen schafft, die man schriftlich festhält? Jedes Detail, das die neue urbane Gesellschaft ausmacht, muss dokumentiert werden, um es kontrollieren zu können. Die Erfindung der Schrift ist gleichzeitig die Geburtsstunde der Bürokratie. Zunächst ritzen die Schreiber Piktogramme in ihre Tontafeln. Eine Schale etwa steht für »Speise«. Eine Schale mit einem Kopf daneben bedeutet »essen«. Diese Piktogramme werden nicht nur in ihrer direkten Bezeichnung einer Sache verstanden, sondern auch als Laute gelesen. Daraus entstehen, da es praktisch und platzsparend ist, Lautzeichen. Die Schrift kann jetzt mittels ihrer Symbole das gesprochene Wort abbilden. Ein ungeheurer Akt der Abstraktion. Unsere babylonischen Rezepte sind bereits in solchen Lautzeichen im Ton verewigt.

Ein Großteil der erhaltenen Schriftzeugnisse der Babylonier sind Listen. Aufgelistet werden Waren, öffentliche Finanzen, die Mengen an aus vergorenem Gerstenbrot gebrautem Bier, die ein jeder Arbeiter erhält, die Anzahl und Ausmaße der Stadtmauern, Kultsockel, Straßen und Gebäude der Stadt. In diesem Sinne lesen sich auch die ersten uns bekannten Kochrezepte wie eine bloße Auflistung von Zutaten, deren Menge allerdings nicht weiter ausgeführt wird. Die wichtigsten Nahrungsmittel im mesopotamischen Raum sind Gerste, Sesam, Datteln und Bier (im Gegensatz zum syrisch-levantinischen Kulturkreis, wo vorrangig Weizen, Olivenöl, Feigen und Wein konsumiert werden). Die Babylonier beginnen sich außerdem für Milchprodukte zu interessieren, hauptsächlich für verschiedene Arten Käse vom Schaf. Letzteres wird auch zu Fleisch verarbeitet, außerdem bieten die zahlreichen Sümpfe eine Vielzahl Fische und Vögel. Auf den babylonischen Listen finden sich um die zweihundert Sorten Brot, sie werden aus Gerste und auch Emmer gebacken. Das Getreide wird nach wie vor mühsam von Hand mit Mahlsteinen zerstoßen und gerieben – allerdings hat man jetzt, den komplexeren Hierarchien städtischer Gesellschaften sei Dank, Gefangene, denen man diese undankbare Aufgabe übertragen kann.

Der Lammeintopf ist vermutlich für die Tafeln höherer Gesellschaftsschichten gedacht, darauf lässt die Vielfalt der Zutaten schließen. Er wird in einem großen Topf überm offenen Feuer zubereitet. Das Fleisch wird zunächst, so kann man es rekonstruieren, im Fett eines Schafsschwanzes gebraten. Nach und nach kommen Wasser und Milch hinzu, außerdem verschiedene Gewürze. Alles köchelt langsam vor sich hin. Den Gerstenkuchen krümelt man in den Eintopf, das sorgt für eine sämige Bindung.

Warum genau man diese Rezepte verschriftlicht, obwohl sie vermutlich allgemein bekannt sind und mündlich schon länger weitergegeben werden, darüber lässt sich nur mutmaßen. Offenbar erfasst die Schriftwut der Babylonier jeden Aspekt ihres vielschichtigen Alltags – wirklich alles soll aufgeschrieben werden. So heißt es auf der ersten Tafel der Stadtbeschreibung Babylons in einer weiteren Auflistung, die keine schillernde Facette der antiken Metropole auslässt: »Babylon – Sitz des Lebens! /

Babylon – Macht der Himmel! / … Babylon – Stadt von Wahrheit und Gerechtigkeit! / Babylon – Stadt des Überflusses! / … Babylon – Stadt, deren Bewohner beständig feiern!« Auch hier wieder: Bewältigung einer überbordenden Vielfalt, indem man diese schriftlich fixiert. Die Rezepte sind möglicherweise Teil dieser Ordnungsstrategie. Dazu kommt: Schrift bedeutet auch Kollektivierung; dadurch, dass man alles niederschreibt und anordnet, entsteht eine in sich geschlossene städtische Gemeinschaft. Die Gerichte werden somit zum Allgemeingut erklärt: Essen, das wird sich noch zeigen, verfügt über eine massiv identitätsstiftende Kraft. Der Lammeintopf erinnert deutlich an den irakischen *pacha*, ein bis heute beliebtes Gericht, für das mehrere Teile vom Schaf gekocht und in etwa so zubereitet werden, wie es auf den Tontafeln geschrieben steht. Vorsichtig könnte man also in Hinblick auf den babylonischen Eintopf von einem ersten Nationalgericht sprechen. Einmal aufgeschrieben, hat es sich von diesem Moment an über Jahrtausende tradiert.

Mumifizierte Rinderrippchen, Ägypten

Ein verwinkeltes Haus, düster, aber angenehm kühl nach der sengenden Hitze draußen. Über den Räumen hängt eine Totenstille. Es riecht auf diffuse Art farblos, nach Sand und Staub. Das Haus besteht aus einer langen Zimmerflucht. Eine steile Treppe führt ins Souterrain, daran anschließend liegt ein langer, schlauchartiger Korridor. Am Ende dieses Tunnels stolpert man eine weitere Treppe hinunter, die in etwas führt, das an einen geräumigen Vorratskeller erinnert, vollgestopft mit Objekten, deren Umrisse sich allmählich in der Dunkelheit abzeichnen. Hinter diesem sonderbaren Depot öffnet sich unvermutet ein großer Raum, fast ein Saal, auch hier ist kein Platz verschenkt; wertvoll verzierte Truhen, Gefäße und Figuren, wohin man auch blickt, außerdem kostbare Sessel, mit vergoldeten Reliefs und Hieroglyphen geschmückt, sowie einige Betten. Den Mittelpunkt dieser bis unter die Decke aufgetürmten Schätze bilden die Särge der beiden Bewohner des Hauses. Wir befinden uns in der Grabkammer der Eheleute Juja und Tuja, vermutlich die Urgroßeltern des legendären Tutanchamun.

Irgendwo in diesem ganzen Durcheinander aus Grabbeigaben steht ein kleiner, ovaler Sarkophag. Darin ruht eine Mini-Mumie, länglich und sanft gebogen: ein paar Rinderrippen, fachmännisch mumifiziert. Dem einst saftigen Fleischstück wurde mithilfe von Salzen jegliche Feuchtigkeit entzogen, bevor man es sorgsam bandagiert hat. Das Tuch, mit dem die Speise umwickelt ist, wurde mit Pistazienharz behandelt, einer unermesslich teuren Substanz, mit der sonst nur mächtige Pharaonen für das Jenseits präpariert werden. Offenbar wollte jemand ganz sichergehen, dass die schmackhaften Rippchen auch wirklich den weiten Weg durch die Unterwelt überstehen.

Für die alten Ägypter ist der Tod lediglich der Start in ein neues Leben, eine Art optimierte Version des bisherigen irdischen Daseins, das nun endlich ewig währen wird. Allerdings müssen zunächst eine gefährliche Reise und das strenge Totengericht des Osiris überstanden werden, bevor dem Zutritt in die jenseitigen und glückseligen Iaru-Gefilde stattgegeben wird. Der neue Bewohner der Ewigkeit bringt all die Dinge, die er dort für seinen persönlichen Komfort benötigt, selbst mit. Während man in den meisten anderen Glaubensgemeinschaften allgemein davon ausgeht, dass man mit dem Eintritt ins Paradies automatisch Nutznießer einer Vollversorgung wird, hegen die Ägypter in diesem Punkt offenbar ein gewisses Misstrauen und laden ihre Gräber voll mit dem entsprechenden Gepäck für die letzte Reise. Alles Verderbliche, angefangen beim eigenen Körper, muss dabei perfekt konserviert sein, sonst kann man es nicht mitnehmen in die Ewigkeit. Deshalb also die Fleisch-Mumien. Manche liegen, wie die Rippchen, in eigenen Behältern, die dem Aussehen der jeweiligen zur letzten Ruhe gebetteten Speise nachempfunden sind. Im Grab des Inti aus der Zeit der sechsten Dynastie etwa findet sich ein Sarkophag in der Form eines Gänsebratens.

Allen Pharaonen werden Massen an Proviant in die Zimmer der hausartigen Gräber gelegt. Bei Tutanchamun weiß man von mehr als hundert Körben, gefüllt mit verschiedenen Getreiden und Brotlaiben, außerdem mit Früchten wie Maulbeerfeigen, Datteln, Melonen und Weintrauben (ob das Obst getrocknet, also länger haltbar gemacht worden ist, kann nicht mehr nachvollzogen werden). Des Weiteren bunkert der jung verschiedene Herrscher Honig und Wein. Und knapp fünfzig Holzkisten gefüllt mit mumifiziertem Fleisch und Geflügel – darunter allerlei kleine delikate Vögel sowie Enten und Gänse, wobei in manchen Fällen nur die üppigsten Stücke derselben einbalsamiert werden. Ähnlich ist es mit den Stücken vom Rind am Knochen, von denen ganz offenkundig nur die besten, fleischigsten Teile gewählt werden. Sehnige Rindsbeine etwa sucht man vergeblich. Schmorfleisch ist der Mumifizierung nicht würdig, ein schönes Karree dagegen schon. Auch Fisch, Schwein oder Schaf findet man nicht in den Grabkammern, es sind allesamt Produkte, die eher zur banalen Alltagskost des alten Ägyptens zählen. Bei der Wahl der Speisen für die Ewigkeit wird also ganz klar hierarchisiert, dabei geht es wohl zum einen um Exklusivität, aber eben auch um Geschmack.

In der fruchtbaren Region am Nil wachsen reichlich Emmer und Einkorn, daher gehört auch in Ägypten das Brot, in flachen Fladen gebacken, zum täglichen Leben. Das mühsam gemahlene Mehl wird durch Siebe aus Binsengras gegeben, die leider so grobmaschig sind, dass all die kleinen Steinchen, die hier und da von den Mahlsteinen abbröckeln, meistens ebenfalls ins Brot gehen, was neben den oftmals im Mehl zurückgebliebenen schmerzhaft scharfen Spelzen eine weitere Herausforderung an ägyptische Zähne darstellt. Dafür werden die Brote bereits gewürzt oder auch mit Honig, Datteln und Feigen versüßt. Auch sonst ist die Ernährungslage selbst für die arme Bevölkerung nicht die schlechteste, denn der Nil ist voller Fische; Obst und Gemüse gedeihen in dem warmen Klima prächtig. Und überall wird täglich frisches Bier aus Gerste gebraut. Wein dagegen können sich Arbeiter nicht leisten. Auch Geflügel, vor allem aber Rindfleisch, das, zischend und brutzelnd, überm offenen Feuer gegrillt oder auch in Töpfen geschmort wird, ist der Elite vorbehalten. Die Rinderzucht ist ein exklusives und teures Geschäft, denn die meisten Flächen werden für den Anbau von Gemüse und Obst gebraucht, Weideland gibt es kaum. Und doch: Abgesehen von den ärgerlichen Jahren, in denen der Nil die Ufer überschwemmt und die Ernte ruiniert, könnte man sich bereits im Paradies auf Erden wähnen. Aber der Mensch will eben immer noch mehr.

Bei festlichen Anlässen setzen die alten Ägypter sich einen Kegel aus Bienenharz auf den Kopf, warum, weiß man heute nicht so genau, es ist aber möglich, dass diese mit parfümierten Ölen gefüllt sind, die während eines Festessens für kostbaren Wohlgeruch sorgen. Eine starke Affinität zu balsamischen Ölen, bereits zu Lebenszeiten, ist jedenfalls nicht zu leugnen. Vielleicht denkt manch einer in dem Augenblick, als ihm das duftende Öl die Nase heruntertropft, entzückt an sein zukünftiges Dasein als Luxus-Mumie, wenn die mumifizierten Gänse aus ihren bratenförmigen Sarkophagen steigen werden. Es ist nur ein kleiner Teil der Bevölkerung, der so exquisit wie die Pharaonen speisen kann. Doch die Speisen dieser wenigen markieren die Sehnsüchte vieler. Die saftigsten Gänsekeulen, die köstlichsten Rinderkoteletts, im besten Fall noch versetzt mit dem luxuriösen, zart duftenden Pistazienharz – auf diese Speisen richtet sich ein derartiges Begehren, dass man sie in die Ewigkeit mitnehmen will. Auf dass man dort für immer göttlich essen wird.

UM 850 V. CHR.

Mansaf, Syrien

Kaum eine Landschaft macht den Menschen so klein wie die Wüste. Ein unermesslicher Raum aus Sand und Staub. Pudrige Berge, in denen die Füße versinken. Kein Fundament ist sicher, der Boden zerfließt in feinen Sand, der in Wellen über die Ebenen weht. Dazwischen schroffe, abweisende Felsen. Nachts schwarze Kälte, tagsüber blendende Hitze. In dieser Welt leben bereits seit Jahrtausenden die Beduinen. Als Nomaden, die zwischen Wüste und Steppe umherziehen, züchten sie vor allem Vieh – Ziegen, Schafe und Kamele – und bewegen sich das Jahr über von Weidestelle zu Weidestelle, wo sie jeweils ihre Zelte aufschlagen. Ihre Ernährung ist von Milchprodukten geprägt, Fleisch wird seltener gegessen. Längs ihrer jährlichen Routen bauen sie auch Getreide an, sie verwenden es für den Teig dünner Fladenbrote, die man *shrak* nennt, und zur Versorgung ihres Viehs. Knapp tausend Jahre vor unserer Zeitrechnung haben die Beduinen bereits ein fein choreographiertes Netzwerk aus

Lagern, Siedlungen und dem Rhythmus der Jahreszeiten folgenden Reisebewegungen konstruiert, das sich über Teile der heutigen jordanischen, syrischen, irakischen und saudi-arabischen Wüste ausbreitet. Mittlerweile beziehen sie ihre wichtigsten Einnahmen aus der aufwendigen Logistik, die mit den wachsenden Handelsrouten einhergeht: Sie geleiten Fremde und ihr Transportgut durch die Wüste oder besteuern ortsfremde Karawanen.

Die Gesellschaft der Beduinen besteht aus unterschiedlichen Stämmen, die mehr oder weniger in Freundschaft miteinander verbunden sind. Loyalitäten folgen einer strengen Hierarchie der verwandtschaftlichen Verhältnisse: Je enger man miteinander verwandt ist, umso größer ist die Treue, die man einander hält. Es ist aber ein anderer gesellschaftlicher Wert, ein Kodex, an den sich alle Beduinen halten müssen und der dieses gesamte Gebilde aus Beziehungen, wechselnden Lebensräumen und durchreisenden Fremden organisiert und stabil hält: die Gastfreundschaft.

Gastfreundschaft ist das wichtigste Überlebensprinzip in der Wüste, denn sie besagt, dass man verpflichtet ist, jeden vorbeiziehenden Fremden mit Essen und Trinken zu versorgen. Essen ist in diesem System lebensbedingende Nahrungsquelle, sozialer Kitt und Gemeinschaftsstifter. Ein Gericht, mit dem die Beduinen bis heute ihre Gäste bewirten, ist die *mansaf*. Der Begriff bezeichnet gleichzeitig das große runde Tablett, auf dem die Speise serviert wird, die man seit jeher zu festlichen Anlässen zubereitet und deren hoher Fleischanteil für die Großzügigkeit des Gastgebers steht – je größer der Fleischberg, desto generöser ist er. Zunächst wird das Brot gebacken. Der Teig besteht aus Wasser und Vollkornmehl, also nicht gemahlenem Mehl, und wird papierdünn auf einem gewölbten Stein ausgebreitet, der schon seit Stunden von der Glut eines Feuers erhitzt wird. Mit diesen Fladen legt man das Tablett aus, das auf einem erhöhten Gegenstand bereitsteht. Das Fleisch, meistens Lamm, wird in Stücke zerteilt und in einem großen Topf Wasser gekocht. Daneben ein kleinerer Topf, darin schäumt ein ansehnlicher Klumpen Kamelbutter. Ein nussiger Duft steigt auf, während sie sich leicht braun verfärbt. Wenn das Lamm ganz weich gekocht ist, verteilt man es über das Fladenbrot, darüber wird erst die entstandene heiße Fleischbrühe, dann die geklärte Butter gegossen, das Ganze wiederholt man in ein paar Schichten.

Da die *mansaf* ein Gericht ist, dessen Rezeptur hauptsächlich mündlich tradiert und in späteren Zeiten verändert und angepasst wird (heute kocht man das Lamm in einem fermentierten Ziegenjoghurt und verteilt es auf einem Bett aus Reis; in dieser Variante haben die Jordanier es zu ihrem Nationalgericht erklärt), ist manches aus ihrer frühen Zeit vergessen. Sicher scheint aber zu sein, dass bestimmte Riten seit Jahrhunderten Teil ihres Verzehrs sind: Vor dem Essen waschen alle Teilnehmer des Mahls sorgsam ihre Hände. Man isst im Stehen, um das Tablett herumgruppiert, und verwendet dabei ausschließlich die rechte Hand, die linke hält man auf dem Rücken, um seinem Nachbarn nicht mit der unreinen Hand im Weg zu sein. Und offenbar wartet der Gastgeber zunächst abseits, während seine Gäste essen. Diesen wiederum wird großzügig ein Nachschlag nach dem anderen gegeben. Damit signalisiert man, welch hoher Respekt dem Gast entgegengebracht wird – erst soll dieser versorgt werden, bevor sich der Gastgeber selbst bedient. Diese Reihenfolge beim gemeinsamen Mahl ist in der arabischen Kultur bis heute erhalten und auch in anderen Kulturkreisen ein selbstverständlich gewordener Reflex: Der Gast bekommt als Erstes.

Als sich der Islam ab dem frühen 7. Jahrhundert im arabischen Raum zu verbreiten beginnt, bekennen sich auch die meisten Beduinen zu der neuen Religion. Die Gastfreundschaft bleibt auch hier als ein grundlegender Wert erhalten, sie ist ein heiliges Gesetz und geht damit über eine »gewöhnliche« Willkommenskultur hinaus. Im Koran wie auch in den Hadithen wird mehrmals darauf hingewiesen, dass ein jeder Muslim sogar die Pflicht hat, einen Reisenden als Gast zu beherbergen und ihn mit Essen und Trinken zu versorgen. Aus dieser Idee wächst und entwickelt sich eine Küche, deren Rezepte und Präsentation auf dem Prinzip des Teilens basieren. Ein orientalisches Mahl besteht immer aus einer Vielzahl an Gerichten, die man gleichzeitig und so auf dem Tisch platziert, dass jeder sich davon nehmen kann. Im Gegensatz zu westlichen Speisekonventionen, die sich in den folgenden Jahrhunderten dahingehend entwickeln, dass jeder seinen eigenen Teller vorgesetzt bekommt und mehrere Gänge nacheinander serviert werden.

Zurück zu den Beduinen in vorchristlicher Zeit: Im Schutz des aus Ziegenhaar gewebten Zeltes wird die *mansaf* allmählich beendet. Die Gäste haben sich dem Kodex der Gastfreundschaft entsprechend verhalten und Essen und Trinken dankbar angenommen. Damit sind sie eine Verpflichtung eingegangen, sie werden sich in Zukunft erkenntlich zeigen müssen. Der Gastgeber hat damit eine Art Versicherung für seine eigene nächste Reise abgeschlossen. Essen als Währung des sozialen Systems Wüste.

Der Gastfreundschaft wohnt immer ein Zwiespalt inne; dadurch, dass man den Fremden als etwas Besonderes behandelt, stellt man auch sein Fremdsein heraus. Das erzeugt inmitten der Umarmung eine Distanz. Gleichzeitig wird dem Fremden durch seinen Status als Gast ein fester Platz innerhalb der Gruppe zugewiesen, die ihn vorübergehend in ihrer Mitte aufnimmt. Und während man gemeinschaftlich ein in Nussbutter triefendes Lamm verzehrt und allmählich körperliches Wohlbefinden Einzug hält, löst sich vermutlich das Gefühl der Distanz. Das Gesetz der Gastfreundschaft begründet die Gemeinschaft. Aber das Essen stiftet das Gefühl der Gemeinschaftlichkeit.

Traubenbrot und gebackene Zwiebeln, Etrurien

Es ist ein ruhiger Vormittag. Die Straßen dösen im Sonnenlicht, nur ein einsamer Reiter wirbelt ein wenig Staub auf, der nach einem kurzen Tänzchen in der flirrenden Luft wieder zu Boden sinkt. Der Reiter kommt aus dem derzeit noch nicht weiter bedeutenden Stadtstaat Rom und hat soeben die Grenze zum Nachbarland Etrurien passiert. Ein Land voller grüner Hügel tut sich vor ihm auf. Überall wächst und gedeiht es: Olivenhaine und weite Wiesen mit Obstbäumen wechseln einander ab, dazwischen grasen und blöken weiße Tupfer – unzählige Schafe. An jedem Hang sonnen sich die Weinstöcke. Der Römer trifft auf einen Einheimischen, ebenfalls zu Pferd, der ihm freundlich entgegenblickt. Er grüßt und spricht den Etrusker an, doch der antwortet in einer Sprache, die in den Ohren des Reisenden fremder klingt als alles, was er zuvor in seinem Leben gehört hat. Kopfschüttelnd reitet er weiter.

Man weiß bis heute nicht ganz genau, woher sie gekommen sind. Und auch nicht, wohin sie nach knapp achthundert Jahren wieder verschwinden. Dabei sind die Etrusker, die etwa von 800 bis 90 v. Chr. in den heutigen Gebieten der Toskana, Umbriens und des Latiums leben, die reichsten, lebenslustigsten und fortschrittlichsten Genießer der Antike. Sie wirken dabei wie Außerirdische: Sie sprechen eine völlig andere Sprache als ihre unmittelbaren Nachbarn. Eine Sprache, die bis heute nicht komplett entschlüsselt ist. Auch ihre Schrift gleicht keiner anderen. Und sie kennen sich ungewöhnlich gut mit der Gewinnung und Verarbeitung von Metall aus, das sich reichlich in ihrem sanft gewellten sattgrünen Land findet. Ganze Küchengarnituren aus Bronze und Schmiedeeisen werden heute nach und nach von der Erde wieder freigegeben. Sie zeugen von Köchen und Essern, die sich viele Gedanken darum machen, wie man dem Feuer wohlschmeckende Speisen abgewinnen kann: sorgsam geschmiedete Grillgitter und dreifüßige Ständer, mit denen man einen Topf bequem über dem Feuer platzieren kann. Mobile Herde aus Ton, die man wie übergroße Stövchen über die Glut stellt. Die Hitze sammelt sich dann noch konzentrierter und strömt hinauf zur Kochplatte, auf der bereits massive Töpfe stehen, in denen vielleicht gerade ein Ragout vom Reh in Rotwein brodelt. Bronzene, hübsch verzierte Grillspieße in allen Größen. Und Reiben, die verdächtig nach unseren heutigen Parmesanreiben aussehen. Angeblich verwenden die Etrusker sie, um Esskastanien, Nüsse und Bucheckern fein zu raspeln, doch manche Quellen interpretieren diese hypothetischen Käsereiben als weiteres Indiz dafür, dass die Etrusker die Pasta erfunden haben – offenbar tauchen in einigen ihrer riesenhaften runden Hügelgräber, die ganze Totenstädte bilden, Abbildungen von Küchengeräten auf, die man zur Nudelherstellung braucht (nicht, dass der Verblichene sich im Jenseits keine Spaghetti mehr zubereiten kann). Darf es obendrauf noch ein bisschen Käse sein?, fragt also möglicherweise vor knapp dreitausend Jahren bereits eine etruskische Dame beim heiteren Gelage. Sie soll laut Beschreibung eines griechischen Geschichtsschreibers übrigens sehr schön und sehr trinkfest sein.

Die Etrusker sind dem später folgenden Römischen Reich bereits weit voraus, was die Rechte der Frauen anbelangt. Diese treiben nackt Sport und feiern gleichberechtigt bei den zahlreichen Banketten mit. Griechische und römische Nachbarn sind entsetzt ob dieser angeblichen Sittenlosigkeit. Den Etruskern ist das offenbar egal. Statt sich aufzuregen, verfeinern sie lieber weiter ihre Gerichte. Bis heute sind keine tatsächlichen Rezepte überliefert, doch manche Tradition setzt sich wohl in der toskanischen Küche fort, und auch aus zeitgenössischen Beschreibungen lässt sich schließen, dass es sich bei etruskischen Gerichten um antikes Soulfood handelt. Ihre wichtigsten Zutaten: Oliven, Trauben, Feigen, Granatäpfel und Maronen, außerdem Kichererbsen, Linsen und Saubohnen. Zudem bauen sie verschiedene Getreidesorten an. Außerdem wird alles, wie in der gesamten antiken und auch mittelalterlichen Küche, sehr stark gewürzt, die Etrusker bevorzugen wohl einen Mix aus süß (Honig) und sehr sauer (Essig), mit lokalen Kräutern wird es dann scharf und vermutlich auch bitter. In Honig und Rotwein backen sie ganze Zwiebeln aus, von ihnen beißt man genüsslich ab wie von einem Apfel, woraufhin einem ein heißer Schwall süßer Schärfe in den Mund schießt. Für den Rotwein werden die Trauben in ein großes steinernes Becken gegeben und mit den Füßen zerstampft. In Fässern lagert dann die Maische. Blätter, Zweige und Steinchen sinken zu Boden, ansonsten passiert nichts mit diesem Urwein, der abgeschöpft und direkt getrunken wird – nicht, ohne ihn vorher mit etwas Wasser zu mischen, denn er ist sehr stark. »Sie [die etruskischen Frauen] setzen sich zu Tisch nicht an die Seite ihres eigenen Gatten, sondern zu den ersten besten der Gesellschaft, ja sie trinken auf das Wohl eines jeden, wie es ihnen beliebt«, giftet der griechische Rhetor Theopomp.[2]

Dazu gibt es ein saftiges, süßes Brot, für das man Ricotta und zerstampfte Weintrauben in Vollkornmehl knetet. Kreuzkümmel und Anis duften zart aus dem weichen, warmen Teig. Im Topf auf dem bronzenen Gestell köchelt der bis an die Schmerzgrenze gewürzte Eintopf, auf den Grillrosten zischt das Wildschwein. Zwar halten die Etrusker auch Rinder, Schweine, Schafe und Hühner, ihre Favoriten aber, vermutlich aufgrund des herberen, stärkeren Eigengeschmacks, sind Wildschwein und Reh, die sich reichlich in ihren Wäldern tummeln.

Ab 300 v. Chr. setzen die Römer den freien, hedonistischen Etruskern stark zu und beginnen ihre Städte zu erobern. 90 v. Chr. schließlich wird Etrurien Teil des Römischen Reichs. Wahrscheinlich zerstreut es dieses Volk daraufhin in alle Winde, sie werden Teil dieses riesigen, unübersichtlichen Roms. Damit verschwindet auch ihre reiche Kultur. Doch es bleibt die Erinnerung an eine frühe Phase der Menschheit, in der Frauen bereits gleichberechtigt am Tisch sitzen, eine kluge, vielseitige Landwirtschaft betrieben, gut und von Herzen gekocht wird und man das Leben ansonsten nicht allzu schwer nimmt. D. H. Lawrence schreibt: »Die Dinge, die sie während der Jahrhunderte ihres Wohlstandes hervorbrachten, sind ebenso natürlich und ungezwungen wie das Atmen. Sie atmen eine ungezwungene Lebensfülle. […] Und darin besteht der wahre Vorzug der Etrusker: in ihrer ungezwungenen Natürlichkeit und ihrem Lebensüberschwang.«[3] – Eine überaus erträgliche Leichtigkeit des Seins.

Brot und Wein, Römisches Palästina

Das folgenreichste Abendessen der gesamten christlichen Welt ereignet sich an einem frühlingshaften Abend im römisch besetzten Jerusalem. Das Passafest steht kurz bevor. Das Blöken der Opferlämmer tönt durch die Gassen der prachtvollen Stadt in den Judäischen Bergen, die Tiere werden von Händlern zum Kauf angeboten. Zahlreiche Pilger, staubig und erschöpft von der langen Anreise, feilschen bereits um die Preise für die schönsten Exemplare. Morgen wird man die Lämmer in dem gewaltigen Tempel schlachten, dessen weißer Marmor über den Dächern der Häuser leuchtet. Doch eine Gruppe von dreizehn Männern hat sich bereits zu einem verfrühten Passamahl niedergesetzt. Alle Aufmerksamkeit der Tischgesellschaft gehört einem gewissen Jesus von Nazareth, ein Wanderprediger, den der von den Römern eingesetzte Hohepriester festnehmen lassen will, da er fürchtet, dass er das Volk zu einem Aufruhr anstacheln könnte.

Nachdem sie mit dem Essen begonnen haben, blickt Jesus sich in der Runde seiner versammelten Jünger um. Das Tischgespräch erstirbt. Seelenruhig erklärt Jesus: »Ich sage euch: Einer von euch wird mich verraten und ausliefern.« Die anderen sehen ihn erschrocken an, betroffenes Gemurmel, wer sollte das sein? Jesus hat die Antwort bereits parat: »Der, der die Hand mit mir in die Schüssel getaucht hat, wird mich verraten.« Daraufhin ist die Sache klar: Judas hat gleichzeitig mit Jesus sein Brot in die gemeinschaftliche Schüssel getunkt, er ist der Verräter.

Zu biblischen Zeiten wird das Abendessen in einer großen Schüssel serviert, diese stellt man in die Mitte des Tisches, woraufhin jeder sein Fladenbrot wie einen Löffel benutzt und auf diese Weise direkt aus der Schüssel isst. Was genau sich beim letzten Abendmahl in dieser befindet, wird in der Bibel nicht geklärt. Wahrscheinlich ist es aber ein einfaches vegetarisches Gericht aus Hülsenfrüchten, vielleicht Linsen, geköchelt mit Zwiebeln, Olivenöl und etwas Granatapfelsaft. Zudem muss, zur Feier des Tages, ein Lammbraten auf dem Tisch stehen. Dem Passalamm wird als erstes das Fell abgezogen, das man in der Glut des Erdofens komplett verbrennt. Daraufhin spießt man das Tier auf einen langen Pfahl, versenkt es in der heißen Grube und bedeckt es mit Erde, bis es ganz durchgegart ist. Die Evangelisten haben einen guten Grund, diese Speise in den Hintergrund treten zu lassen, denn am Ende geht es um die beiden einfachsten Dinge, die an diesem Abend bei Tisch gereicht werden: Brot und Wein.

Das Fladenbrot ist allgegenwärtig im antiken Israel. Jeden Morgen mahlen die Frauen Getreidekörner mithilfe einer Handmühle, die aus zwei Mahlsteinen besteht. Das grobe Mehl wird gesiebt und mit Wasser und Salz zu einem Teig verknetet, aus dem sie dünne Fladen formen. Der anbrechende Morgen ist vom Duft warmen Brots erfüllt: Die Fladen backen in der Glut einer Erdmulde auf zuvor erhitzten Steinen und zwischen den heißen Innenwänden gemauerter Gemeinschaftsöfen. Wein ist ebenfalls etwas völlig Alltägliches. Die einfacheren Leute mischen ihn hauptsächlich unter das Brunnenwasser, um dessen muffigen Geschmack zu übertünchen – und wohl auch aus hygienischen Gründen; dass man Wasser abkochen kann, ist noch unbekannt.

Nachdem Jesus nun seinen Verräter identifiziert und damit auch deutlich gemacht hat, dass er sich über sein baldiges Ende im Klaren ist, bricht er ein Brot in Stücke und verteilt es an seine Jünger, danach reicht er einen Kelch mit Wein herum. Dabei tut er etwas recht Ungewöhnliches. Er sagt: »Nehmt das Brot, das ist mein Leib.« Und als der Wein von Mund zu Mund geht, erklärt er, dass dieser sein Blut sei. Was zunächst möglicherweise absonderlich, vielleicht sogar unappetitlich wirkt, ist in Wirklichkeit eine clevere Strategie der Ritualbildung. Dieses Abendessen Jesu und seiner Jünger wird sich in Form eines religiösen Mahls immer und immer wieder abspielen.

Die religiöse Aufladung einzelner Speisen ist zu diesem Zeitpunkt nichts Neues. Am Sederabend etwa, der das Passafest einleitet, wird die Tafel mit lauter zeichenhaften Zutaten gedeckt: Ungesäuertes Brot steht für die Flucht der Juden aus Ägypten, die so übereilt vonstattengehen musste, dass keine Zeit mehr blieb den Brotteig gären zu lassen. Salzwasser symbolisiert die Tränen, die vergossen wurden. Verschiedene herbe Kräuter stehen für die Bitterkeit der jüdischen Knechtschaft in Ägypten. Und so geht es weiter, alles, was gegessen wird, erinnert, mahnt und eint die am Tisch Versammelten. Die christliche Tradition, die Jesus an diesem Frühlingsabend begründet, geht einen Schritt weiter: Brot und Wein erinnern nicht nur an das letzte Mahl vor seinem Märtyrertod, nein, sie lassen ihn immer wieder in der Runde der Gläubigen Platz nehmen, er wird Teil der Gemeinschaft – das geht so weit, dass man von ihm isst, ihn sich einverleibt. Es ist zudem sicherlich kein Zufall, dass der bedeutsamste Ritus einer Glaubensgemeinschaft ausgerechnet ein gemeinsames Essen ist, schließlich gibt es fast nichts, was über mehr gemeinschaftsstiftende Kraft verfügt.

Brot und Wein erinnern auch heute noch an den mediterranen Ursprung des Christentums, das in diesem Teil der Welt entsteht, dessen Äcker und Hügel Getreide und Wein reichlich hergeben. Dass es eben genau diese beiden alltäglichen Speisen sind, denen Jesus eine derartige symbolische Kraft verleiht, sagt vor allem eins: Der Sohn Gottes kommt nicht nur zu den Eliten, im Gegenteil, selbst in der ärmsten Gemeinde wird er sich an jeden Tisch dazusetzen.

UM 100 N. CHR.

Gladiatoreneintopf, Römisches Reich

Ein warmer Sommerabend im antiken Rom. Die Sinne verwirrender Krach erfüllt die Straßenschluchten zwischen den hohen Häuserblocks. Massen hastender Fußgänger schubsen und drängen, weiter vorn versperren mehrere Ochsenkarren den Weg. Dazwischen schnauben die Pferde, die von feinen in Togen gehüllten Herren ohne Rücksicht auf Verluste durch die Menge getrieben werden. Immer wieder bilden sich Gassen, um einer Sänfte Platz zu machen, in der ein zeternder Senator sitzt. Ächzend drücken die einfachen Bürgerinnen sich an die Ziegelmauern der Häuser. Ganz Rom hat es eilig: Es ist Zeit für das Abendbrot, die *cena*.

Aus den einfachen Tavernen, in denen zum Wein Oliven und Brot gereicht werden, hallt bereits das Stimmgewirr der Plebejer. Bewohner der mehrstöckigen *insulae*, die ein warmes Essen bevorzugen, kehren in eines der unzähligen *thermopolia* ein, denn wegen der hohen Brandgefahr ist es verboten, in den Mietshäusern ein Feuer zu unterhalten. In die gemauerten Theken dieser Schnellrestaurants sind Kochtöpfe eingelassen, deren Inhalt von einer beständigen Glut warmgehalten wird. Es gibt Brot und *puls*, ein Dinkelbrei, ähnlich fest wie Polenta, aber herber im Geschmack. Dazu isst man Gemüse, Zwiebeln, Knoblauch, Käse und Obst, manchmal etwas gekochtes Fleisch. Und viele Kräuter, die jetzt, langsam in den Töpfen vor sich hinschmorend, die Räume mit ihren intensiven Düften füllen.

Man sitzt in den Gaststätten auf Stühlen, einer der vielen Gründe, warum ein Angehöriger der römischen Oberschicht niemals seinen Fuß in eine derartige Lokalität setzen würde, schließlich ist nur ein Speisesofa standesgemäß. Überhaupt bleibt die Elite beim Essen unter sich. Für das römische Bürgertum ist es Teil des Alltags, ein geselliges Gastmahl im eigenen Zuhause auszurichten, wo bekömmlich und schmackhaft gespeist, vor allen Dingen aber geplaudert wird. Und auch in den Villen der reichsten und bedeutendsten Familien Roms legt man sich erwartungsfroh zu Tisch, denn hier werden gleich kulinarische Kreationen von unvorstellbarer Exklusivität aufgetragen. Die Kreativität, mit der die Gerichte zubereitet werden, zeugt dabei nicht selten von einem beispiellosen Sadismus – besonders beliebt ist es offenbar, wenn als Überraschungseffekt irgendwo irgendetwas herausfliegt. Quellen berichten von lebenden Drosseln, die in die Bauchhöhle eines Wildschweins eingenäht sind und beim Tranchieren des Bratens aufgeregt zur Decke flattern. Noch sensationeller wird es, wenn man die zierlichen Vögel in Ferkeln aus Kuchenteig verbirgt, die wiederum an den Zitzen einer erlegten Wildsau saugen. Als weitere Gänge präsentieren die Küchensklaven heute Abend gefüllten Siebenschläfer, Flamingozunge und pikant gewürzte Leber von der Nachtigall.

In der antiken Gesellschaft hat sich bereits etwas manifestiert, das sich durch die folgenden Jahrhunderte ziehen wird: Essen dient jetzt auch der sozialen Distinktion. So unumstößlich der Platz eines jeden Römers innerhalb der gesellschaftlichen Hierarchie definiert ist, so klar ist auch festgelegt, was eine jede soziale Gruppe isst. Das zeigt sich besonders deutlich an einer kleinen Bevölkerungsschicht, die in ihrem Status noch unterhalb der Sklaven rangiert. Gleichzeitig sind die Mitglieder dieser Gruppe umschwärmt, erfreuen sich einer schillernden Berühmtheit – und tragen einen wenig schmeichelhaften Spitznamen, der jenes Produkt bezeichnet, das sie fast ausschließlich konsumieren: *hordearii*, Getreidefresser. Die Rede ist von den Gladiatoren. Die Berufskämpfer, die mit Schwertern, Dolchen und Wurfnetzen in der Arena ihr Leben verteidigen, sind stramme Vegetarier – Fleisch ist zu teuer für ihresgleichen. Gladiatoren essen fast ausschließlich Getreide und Hülsenfrüchte. Mal als Mus, mal als Suppe.

Ein harter Trainingstag in den Übungsarenen der Gladiatorenschulen geht zu Ende. Der letzte verschwitzte Kämpfer wankt vom Platz. Während die Gladiatoren massiert werden, köchelt die Getreidesuppe bereits in großen Töpfen auf den Feuern der Schulküche. Die ersten Schüsseln Eintopf werden gereicht. Eine heiße sämige Masse aus zerkochten Hülsenfrüchten. Beim ersten Löffel ziehen sich die Innenwände des Mundraums zusammen, Tränen schießen den Männern in die Augen: Typisch für die altrömische Küche ist ein Mix aus sehr würzigen und gegensätzlichen Aromen, die mit der Wucht der Gleichzeitigkeit über die Geschmacksnerven herfallen. Die frischen Blätter der Weinraute schmecken nahezu unerträglich bitter, die Römer lieben das Kraut und würzen fast alles damit. Genauso halten sie es mit dem stechend scharfen Liebstöckel und natürlich dem salzigen *garum*, der Fischsauce, für die ganze Fische mit Salz vermischt werden und in offenen Krügen in der prallen Sonne über drei Monate fermentieren. Der Gestank während dieser Prozedur ist so stark, dass die Herstellung von *garum* in den Innenstädten untersagt ist. Doch die Flüssigkeit, die dabei entsteht und in Fläschchen abgefüllt wird, ist für die Römer (und zuvor auch schon für die Griechen) ein unverzichtbarer Ton ihrer Geschmacksklaviatur. Die salzige Note ist so intensiv, dass die ganze Zunge von einem Kribbeln erfasst wird. Zum Bitteren, Scharfen und Salzigen wäre etwas früher nun noch das Aroma des Lasers hinzugekommen, ein Saft, der aus der libyschen Silphiumpflanze gewonnen wird. Vermutlich schmeckt er so ähnlich wie Knoblauch, nur beißender. Das Kraut stirbt noch zu Neros Zeiten aus, angeblich hat der Kaiser selbst die letzte Pflanze verspeist. Da die Linsen und Kichererbsen zuvor im Wasser der Zisterne aufgeweicht wurden, durchweht den ganzen Eintopf ein leicht brackiges Bouquet.

Die vielstimmige Würzigkeit birgt einen großen Vorteil. Man kann mit ihr den teilweise sehr unangenehmen Eigenschmack bestimmter Lebensmittel nahezu komplett überdecken. Etwa den des nach faulen Eiern schmeckenden Kranichs. Versierte Köche fügen der Manipulation des Geschmacks noch den Effekt der Augentäuschung hinzu, und so entstehen immer ausgefeiltere Techniken kulinarischen Betrugs: Schwein wird als Geflügel präsentiert, Saueuter als Fisch, und Hundefleisch kann man doch durchaus wie Hase erscheinen lassen.

Zurück zum Gladiator und seinem Getreideeintopf: Der Sportarzt Galenos von Pergamon formuliert im 2. Jahrhundert die Annahme, dass die Ernährung der Getreidefresser selbige schlaff und dick machen würde. Tatsächlich sind die Berufskämpfer oftmals eher pummelige Erscheinungen, wobei das zusätzliche Körperfett einen gewissen Schutz der Organe bei Stichverletzungen bietet. Trotzdem entspricht die Knochendichte der Gladiatoren, wie gegenwärtige Analysen ergeben, doch derjenigen von Leistungssportlern, ihre Knochen sind deutlich strontiumhaltiger als die der restlichen Bevölkerung. Was vielleicht auch daran liegt, dass nach dem Kampftraining ein spezielles kalziumhaltiges Getränk gereicht wird: ein Trunk aus Essig und Pflanzenasche. Eine weitere nur dieser einen sozialen Gruppe vorbehaltene Ernährungsweise, deren distinktive Kraft bis in die Knochen reicht.

Injera, Aksumitisches Reich

Es zischt und dampft, als die ersten Tropfen des flüssigen Teigs auf die heiße Tonplatte treffen. Die runde Scheibe ruht auf einem aus Lehm gebauten Herd, in dessen Innerem ein Feuer flackert. Eine junge Frau gießt den Teig mit ruhiger Hand aus, in einer großen Spirale, von innen nach außen, bis die gesamte Fläche ausgefüllt ist, während der Teig bereits ausbäckt. In dieser kreisenden Bewegung verschwimmt die Zeit. So hat schon ihre Mutter den Teig auf die glühend heiße Platte fließen lassen, und davor deren Vorfahren, niemand erinnert sich, wann es angefangen hat. Seit Jahrtausenden erntet man hier Teff, eine Hirse, die als weiches hohes Gras auf den Ebenen des äthiopischen Hochlands wächst und im Wind wogt wie das Fell eines friedlich atmenden Tiers. Das Teffmehl ist die wichtigste Zutat für *injera*, jenes dünne Fladenbrot, dessen Anfänge längst vergessen sind. Doch in Jahrhunderten wird man die Platten, die *mitads*, finden, die dieser Tage auf den Lehmherden dampfen, in

Aksum, der Hauptstadt des gleichnamigen mächtigen Königreichs. Riesige steinerne Stelen ragen hier auf den Königsgräbern in die schwüle Luft. Die Kolosse sind stilisierte, in die Höhe ragende Häuser mit wahnwitzig vielen Stockwerken und Fenstern – unwahrscheinliche, verrückte Visionen der Baumeister.

Der Teig für *injera* wird aus gemahlenem Teff und Wasser gemacht. Die Mischung bleibt ein paar Tage stehen, um zu fermentieren – in der Hirse befindet sich natürliche Hefe. In jedem äthiopischen Haus stehen in einer Ecke lauter zugedeckte Behälter, in denen sich langsam eine dunkle, saure Flüssigkeit bildet, die oben auf dem Teig schwimmt. Es braucht Erfahrung und Intuition, um den richtigen Moment zu erkennen, in dem die Masse bereit ist.

Ein intensiver Duft steigt nun von der heißen Platte hoch, auf der das *injera* bäckt. Die Oberfläche des flachen, pfannkuchenartigen Brots bildet jetzt unzählige Poren und kleine Krater, seine Textur erinnert an einen Schwamm, und das macht gutes *injera* aus: je mehr von diesen winzigen Mulden, desto besser, denn sie saugen sich voll mit den Pasten, Ragouts und Eintöpfen, genannt *wat*, die dazu gereicht werden. Das weiche Brot ist dabei auch Teller und Essgeschirr. Es hat die Größe eines runden Tabletts und wird glatt ausgebreitet. Darauf verteilt man einzelne Portionen *wat*; es sind verschiedene Sorten, die traditionellste, *doro wat*, enthält Huhn und gekochte Eier, es gibt eine Version mit Linsen, eine mit Rind, Ziege oder Lamm, dann wieder reine Gemüseeintöpfe. *Wat* ist ein dicker, kompakter Eintopf, den man gut in faustgroßen Kugeln auf dem *injera* platzieren kann. Er ist das Produkt intensiver Hitze und bedachter Langsamkeit. Als Erstes werden Zwiebeln in einem trockenen Gefäß erhitzt, bis das meiste ihrer enthaltenen Flüssigkeit verdampft ist. Dann kommt *niter kibbeh* hinzu, also geklärte Butter, deren nussiger Geschmack noch mit dem aromatischer Gewürze versetzt ist, wie Kreuzkümmel, Kurkuma, Zimt oder Besobela, dem äthiopischen Basilikum. Tosend schwitzen die Zwiebeln, die Hitze wird nicht gemildert, während Gewürze und Kräuter auf sie niederprasseln, bis alles auseinanderfällt und zu einem dicklichen Brei wird, der den übrigen Zutaten seine dichte Konsistenz gibt.

Wat kann mild, würzig oder sehr scharf sein. (Seit der Einführung der Chilischote in Afrika im 16. Jahrhundert verwendet man für eine beißende Schärfe *berbere*, eine Gewürzmischung aus Chili, Koriander, Knoblauch, Ingwer und wild wachsenden äthiopischen Kräutern.) Jede Portion, die auf dem *injera* bereitliegt, hat eine andere Farbe und ein anderes Aroma. Alles verbindet sich mit dem milden, säuerlichen Geschmack des weichen Brots, von dem man mit der Hand einzelne Streifen abreißt, in die man jeweils einen Klumpen *wat* wickelt und diesen dann so verpackt zum Mund führt. In unserem spätantiken Aksum hat sich mittlerweile eine Tischgesellschaft um das fertige Gericht versammelt – nicht nur Familienmitglieder, auch Nachbarn, Freundinnen, Gäste. Geselliges Essen ist ein soziales Fundament Äthiopiens.

Dazu gehört auch ein Ritual, das *gursha* heißt: Jeder an der Tafel macht einen besonders schmackhaften Happen bereit – und füttert dann einen seiner Tischnachbarn damit. Die Reihenfolge des *gursha* folgt einer klaren Hierarchie. In der Regel werden zuerst die Ältesten und wichtige Gäste am Tisch gefüttert, als Zeichen des Respekts. Wer jemandem einen Bissen zukommen lässt, erwartet einen Happen als Gegenleistung. Und drei Portionen pro Person sind angemessen: Eine *gursha* macht Feinde, zwei trennt sie wieder, und drei führt sie zusammen, so sagt man hier.

Das gegenseitige Füttern drückt Fürsorge und Zuwendung aus – es treibt den Aspekt des Miteinanders, der dem Essen innewohnt, auf die Spitze. In anderen Kulturen überschreitet es dennoch die Grenzen akzeptierten Tischgebarens: Füttern ist übergriffig, steht ab einem bestimmten Alter auch für Entmündigung und Kontrollverlust. (Aus Sicht des modernen westlichen Menschen sorgt schon die Tatsache, dass das Essen mit bloßen Händen und nicht mithilfe keimfreien Bestecks berührt wird, für Unbehagen. Dieser Verzicht auf die vertrauten kulturellen Werkzeuge, die immer eine Distanz zum Essen schaffen, fühlt sich noch bodenloser an, sobald man sich von einer fremden Hand, völlig ungefiltert, füttern lässt.) Im unverhohlen despektierlichen Ton schreibt der portugiesische Jesuit Jerónimo Lobo denn auch bereits im 17. Jahrhundert: »Alles, was sie essen, riecht streng und schwimmt in Butter. Sie verwenden weder Tischwäsche noch Teller. Die Personen von Rang berühren niemals, was sie essen. Ihr Fleisch wird in Stücke geschnitten und ihnen in den Mund gegeben.«[4] Nicht minder befremdet vermerkt der französische Reisende Emilius Albert de Cosson im späten 19. Jahrhundert: »Das Brot hatte die Form großer Oblaten, die etwa so dick wie ein Pfannkuchen waren und einen Durchmesser von anderthalb Fuß hatten. ... Wenn der Ras einen der einheimischen Gäste sah, die er besonders ehren wollte, brach er ein Stück Brot ab, rieb es in jede einzelne Sauce und rammte es ihnen mit seiner eigenen Hand in den Mund.« Allerdings lässt er sich doch dazu herab, ein wenig einzulenken: »Sie schafften es jedoch, mit ihrem Essen so geschickt umzugehen, dass kaum Unordnung angerichtet wurde, und obwohl das Brot ziemlich bitter war, waren einige der Saucen gut, und das Essen war nicht so ungenießbar, wie man annehmen könnte.«[5]

Seltsam ist, dass beide Europäer nicht den offensichtlichsten Bezug herstellen, der doch beide Kulturkreise verbindet – Äthiopien ist seit dem 4. Jahrhundert überwiegend christlich, und in der christlichen Kirche gibt seit dem 6. Jahrhundert der Priester das Brot während der Eucharistie dem Gläubigen direkt in den Mund. Doch offenbar gibt es einen klaren Unterschied zwischen dem religiösen Ritual und einer Geste im Rahmen eines irdischen Gastmahls (von westlichen Ressentiments gegenüber Afrika ganz zu schweigen). Das Thema Essen wird einmal mehr zum Raum, in dem Nähe und Distanz, Berührung und Fremdheit verhandelt werden.

Heilsuppe, Heiliges Römisches Reich

Diese wundersame Suppe macht man so: Eine Handvoll Dinkel mit etwas Suppengemüse, Sellerie, Fenchel und Möhren leicht einkochen lassen. Jetzt kommen die wichtigsten Ingredienzien, nämlich: Basilikum, Dill, Petersilie, Bertram und Galgant. Und vielleicht noch ein bisschen Quendel, der reinigt und heilt den Körper von innen und hilft im Übrigen auch gegen die Krätze.

Im europäischen Mittelalter werden dem Thema Essen zahlreiche fundamentale Bedeutungen zugeschrieben. Als sozialer Akt kann Essen verbindlich sein wie ein Vertrag. Essen unterliegt an den Fastentagen strengen Vorschriften, ist also auch ein Ausdruck des eigenen starken Glaubens. Demonstrativ reichlich gewürztes Essen steht für Reichtum und Macht. Das Mittelalter kennt schrecklichen Hunger und spektakuläre Fressgelage. Und: Essen wird heilende Kraft zugesprochen.

Bereits um 500 nach Christus berichtet der griechische Arzt Anthimus von einer bestimmten Speise, die nicht nur das Leibgericht der Franken sei, sondern von diesen auch als Allheilmittel angewandt werde. Die Rede ist von – rohem Speck. Wobei die Sache durchaus komplex ist, wie Anthimus darlegt: »Das ausgelassene Schmalz, entweder mit einer Speise genossen oder über Gemüse gegossen, schadet nicht. Aber der geröstete Speck schadet. In Bezug auf den rohen Speck aber, den – wie ich höre – die Franken zu essen pflegen, möchte ich gern wissen, wer ihnen ein solches Heilmittel gezeigt hat, sodass sie keine anderen brauchen. Sie essen ihn roh, wie er ist; denn er verschafft ihnen anstelle von Arzneien großes Wohlbehagen und Gesundheit. Denn durch ihn werden – wie durch ein treffliches Medikament – alle Eingeweide geheilt … Alle Wunden, die äußerlich bzw. im Körper sich befinden oder gewaltsam entstanden sind, reinigt beständig aufgelegter fetter Speck. Er beseitigt die Fäulnis der Wunde und heilt sie.«[6]

An gehobenen mittelalterlichen Tafeln ist es zudem beliebt, neben den üppigen würzigen Speisen süßes Konfekt zu naschen, aus gesundheitlichen Gründen. Die kleinen Süßigkeiten werden aus Obst, Gewürzen und Zucker hergestellt. Letzterer soll den Körper reinigen, wohltuend für die Nieren sein und außerdem verschiedenste schlechte Eigenschaften anderer Nahrungsmittel neutralisieren – Zucker als süßes Antidot zur schädlichen Völlerei. Selbst zur Zahnpflege wird Zucker verwendet, und zwar, um fettige Speisereste zu entfernen. Als besonders wirkungsvolles Heilmittel verteilen Mönche außerdem gern Lebkuchen unter den Bedürftigen.

Vieles, was man zu diesem Zeitpunkt über den Körper und seine Nahrung zu wissen glaubt, basiert auf der Humorallehre, die noch aus der Antike stammt. Der Mensch besteht demnach aus vier Säften: Blut, Schleim, schwarze und gelbe Galle. Diese Körpersäfte sind entweder warm oder kalt, trocken oder feucht. Nach diesen Eigenschaften werden auch Lebensmittel klassifiziert, sie sind heiß-trocken, heiß-feucht, kalt-trocken oder kalt-feucht. Zucker etwa ist heiß-feucht und deshalb per se ein gutes Lebensmittel, da die Säfte eines gesunden Menschen von gemäßigter Hitze und Feuchtigkeit geprägt sind. Um die Säfte eines Patienten in das richtige Gleichgewicht zu bringen, verschreiben Ärzte entsprechende Diäten, um alle Schieflagen innerhalb der Körpersäftebalance auszugleichen. Eine Speck-Zucker-Diät wäre wohl nicht ausgeschlossen.

Hauptsächlich ist es aber natürlich das Wissen um die heilenden Kräfte der Kräuter und Gewürze, das in die mittelalterliche Kochkunst einfließt. Ein Wissen, das spirituellen Charakter hat. Hier landet man sofort bei Hildegard von Bingen, jener oftmals bis zur Heiligen stilisierten Kräutervirtuosin, die im 12. Jahrhundert als Nonne und Mystikerin lebt und wirkt und einige einschlägige Werke zum Thema verfasst. Ihr über die Jahrhunderte ungebrochener Einfluss hallt heute noch in esoterischen Heilkunden und klangvoll benannten Kräuterteemischungen nach. Das eingangs beschriebene Rezept für die heilende Suppe stammt von ihr, quasi ein Feuerwerk phantastischer Wirkweisen: Basilikum als kalte Pflanze kann nach Hildegard gegen Fieber helfen. Spontan erstummte Menschen sollen sich außerdem ein Blatt Basilikum unter die gelähmte Zunge legen, und die Sprache wird wiederkehren. Galgant wiederum ist warm und heilend und hilft allen, die unter einem schwachen Herzen leiden. Petersilie mildert leichte Fieber, allerdings ist bei dem Kraut auch Vorsicht geboten, wenn man nicht der Melancholie verfallen will, denn, so Hildegard: »Jedoch im Geist des Menschen erzeugt sie Ernst.«[7] Dafür mischt man ja aber auch vorsichtshalber den Bertram in die Suppe, der den Verstand wieder klar machen soll. Außerdem vermehrt er gutes Blut, reinigt die Körpersäfte, stärkt die Abwehrkräfte und das Sehvermögen.

Kaum eine Epoche ist so sehr von dem Glauben an Wunder und Magie durchweht wie das Mittelalter. Von Gott erwirkte Wunder, die beständige Angst vor der Hölle und dem Teufel, die Kraft von Talismanen, Edelsteinen und Amuletten; Heiler, Wahrsager, Geister, Hexen – die an Zauberei grenzenden Kräfte der Kräuter und unterschiedlich temperierten Lebensmittel fügen sich nahtlos in dieses zutiefst mystische Lebensgefühl ein. Von so etwas wie alternativer Heilkunde kann dabei wohl nicht gesprochen werden – schließlich gibt es medizinisch gesehen kaum eine andere Möglichkeit als die Anwendung von Kräutern und Gewürzen. Und so sind Suppe, Konfekt und Speck durchzogen von einem alltäglichen Zauber, der sich doch schnell zum Wunder entwickeln kann. Essen ist wohl niemals spiritueller, wundertätiger und magischer als im Mittelalter.

Feuertopf, Kaiserreich China

Zwei Nachbarn, wie sie unterschiedlicher nicht sein könnten: Auf der einen Seite China, um 1200 die höchstentwickelte Zivilisation der Welt. Eine rasant wachsende Wirtschaft, wohlhabende Bürger, die kostbare Kleider, Möbel und eine elaborierte Kochkunst lieben. Eine Wiege überwältigend schöner Kunst und feinsinniger Literatur. Ein florierender Buchdruck, reich bestückte Bibliotheken, exzellente Schulen. Die kaiserlichen Manufakturen brummen im ganzen Land. Man verfügt über ein reiches medizinisches und naturwissenschaftliches Wissen.

Auf der anderen Seite die Mongolei, ein Volk von Nomaden und Analphabeten, die in Zelten aus Filz leben. Die nur so viel besitzen, dass man es auf den Rücken eines Pferdes schnallen kann. Sie essen fast nur Hammel und Käse, nähen ihre Kleider aus Fellen, und zum Beheizen ihrer Jurten verbrennen sie kurzerhand den Kot ihrer Tiere. Ausgerechnet diese rohen Gesellen sollen den Chinesen ihr Nationalgericht bringen: den Feuertopf.

Bei all ihrer intellektuellen Überlegenheit muss den Chinesen der Song-Dynastie leider attestiert werden, dass sie keine vernünftige Armee haben. Aus ständiger Angst vor einem Militärputsch verzichten die Machthaber darauf, eine ernstzunehmende Streitmacht aufzustellen, und preisen lieber den Pazifismus. Zu ihrem großen Pech sind ihre ungehobelten Nachbarn jedoch brillante Kämpfer und hervorragende Reiter, die mit ihren selbst gebauten Bögen tödliche Pfeile über lange Distanzen abfeuern, ohne den rasanten Galopp ihrer Pferde unterbrechen zu müssen. Noch größeres Pech ist es, dass ein gewisser Dschingis Khan die bis dahin ständig untereinander verstrittenen Mongolen vereint und den ernsthaften Angriff auf China wagt. Sein Enkel Kublai Khan ist schließlich derjenige, der China endgültig unterwerfen wird in einer alptraumhaften Seeschlacht in der Bucht von Yamen. Die mongolische Flotte ist im Verhältnis zur chinesischen lächerlich klein, doch wieder erweisen die einstigen Nomaden sich als trickreich und verwegen. Während die tausend Dschunken der Chinesen in Flammen aufgehen, binden Frauen sich Gewichte um die Taillen und springen ins Wasser, um nicht in die Hände der Mongolen zu fallen. Auch der erst siebenjährige Kaiser und die letzten anwesenden Mitglieder seiner Dynastie stürzen sich in die schwarzen Tiefen des Ozeans. Eine der stolzesten Nationen dieser Erde ist unterworfen. Und wird nach ihrer Wiederauferstehung bis heute fröhlich an runden Tischen um jenen *hot pot* versammelt sitzen, den ihre verachteten Besatzer einst aus den unendlichen

Steppen ihrer Heimat mitgebracht haben. Der Mensch und seine Beziehung zum Essen zeugen wirklich von bemerkenswerter Ambivalenz.

Der historisch keinesfalls gesicherten Legende nach verwenden die Mongolen zunächst ihre Helme als improvisierte Töpfe. In ihnen erhitzen sie Brühe überm Feuer, um ihr Hammelfleisch in kleinen Stücken darin zu garen. So das Grundprinzip des *hot pots*, den man hierzulande auch als Mongolentopf bezeichnet und der sich im Grunde nicht allzu sehr vom Fondue unterscheidet. Ob die Sache mit den Helmen stimmt, wird sich wohl niemals klären lassen (plausibel ist es aber; Soldaten verwenden im Laufe der Geschichte immer wieder ihre Helme zum Kochen). Tatsache ist jedenfalls, dass die Mongolen ihre Vorliebe für Hammel in den Norden Chinas bringen, dort ist dieser bis heute eine von vielen möglichen Zutaten, die man im Feuertopf pochieren kann. Und dass die mongolischen Nomaden ihr Fleisch in diesem mobilen »Topf« garen, der zudem noch eine angenehme Wärmequelle ist, um die man sich in einer kalten Nacht versammeln kann, erscheint vorstellbar. (Eine weitere Methode, einen Hammel komplett ohne Kochgeschirr zu garen, praktizieren die Mongolen bis heute: Ein ganzes Tier wird von oben bis unten aufgeschlitzt, Knochen, Fleisch und Innereien sorgfältig entnommen. Fleisch, Leber und Nieren werden gewürzt und zusammen mit heißen Steinen wieder ins Tier eingefüllt, das Fleisch grillt dann im Innern des Kadavers. Vor dem Verzehr reicht man die angenehm heißen, vom Fett glänzenden Steine herum.)

Der *hot pot* verbreitet sich schnell in China, meist in der Form eines Topfes mit einer Art Kamin in der Mitte, in den man glühende Kohle oder Holz füllt. Fortan entwickelt jede Region ihre eigene Version des Feuertopfes. Im Süden mag man die Brühe eher süß, im Norden salzig. Im Osten schmeckt man gern saure Noten, im Westen dampft eine feurig scharfe Brühe auf dem Tisch: Der Feuertopf aus der Szechuan-Region, die berühmt für ihren Pfeffer ist, ist in China besonders populär. Sein heißes Inneres leuchtet grellrot, an der Oberfläche der Brühe treiben aufgequollene Pfefferkörner, Chilischoten und etliche Gewürze.

Der Feuertopf berührt den vielleicht wichtigsten Kern des Essens: Er bildet eine Gemeinschaft (wer heutzutage auf die seltsame Idee kommt, ganz allein ein chinesisches *Hot-Pot*-Restaurant zu besuchen, wird sich möglicherweise in der Gesellschaft eines übergroßen Plüschtiers wiederfinden, das dem schrulligen Einzelgänger fürsorglich zur Seite gesetzt wird). Den Topf platziert man am besten auf einem runden Tisch, wie man ihn in China häufig findet, wo er traditionell für Harmonie und Vereinigung steht. Als logische Fortsetzung entwickeln sich auch Feuertöpfe, die anstatt der mittigen Kaminröhre zweigeteilt sind – in der einen Hälfte schimmert die scharfe, in der anderen die milde Brühe, die beiden Teile sind geschwungen wie Yin und Yang und ergeben zusammen ein Ganzes. Meeresfrüchte, Fisch, Fleisch und Gemüse werden hineingegeben, dazwischen schwimmen vielleicht noch ein paar *jiaozi*, schmackhafte Teigtaschen.

Mit Schöpfkellen, Stäbchen und Spießen geht man dann auf Angeltour, während die Fenster um einen herum beschlagen und die geschäftige Straße draußen wie hinter einem Theatervorhang verschwindet. Am Ende wird die Brühe, satt und würzig von all den Ingredienzien, die stundenlang hineingegeben wurden, in Schalen gefüllt und andächtig geleert.

Als Kublai Khan die Herrschaft in China übernimmt, vollzieht sich eine gegenläufige Bewegung der Anpassung: Der mongolische Kaiser versucht so chinesisch wie möglich zu werden. Er lässt konfuzianische und buddhistische Tempel und eine Palaststadt nach chinesischem Vorbild bauen. Sein ältester Sohn studiert chinesische Literatur und Philosophie. Und er richtet verschwenderische Bankette aus, die mit seiner Vergangenheit als einfach lebender Nomade nicht mehr viel zu tun haben. Trotzdem wird das chinesische Volk systematisch kleingehalten. Und in den prunkvollen Palastgärten Khans stößt man immer wieder auf ein paar verstreute Jurten, in denen seine Gefolgschaft doch immer noch am liebsten schläft. Die mongolische Yuan-Dynastie bleibt ein Fremdkörper in China. Der Tod Kublai Khans läutet denn auch einen recht schnellen Niedergang der Herrscherfamilie ein. So verschwinden die Mongolen wieder, doch ihren Feuertopf lassen sie da. Auch wenn er in der heutigen mongolischen Küche keine Rolle mehr spielt, in China wird das gemeinsame Sitzen um den heißen Topf zu einer kulinarischen Tradition, die deutlich länger anhalten wird als die Besatzung durch die Mongolen.

Blamensir, Heiliges Römisches Reich

Wer über Essen nachdenkt, darf den Hunger nicht vergessen. Der Hunger in seiner wilden, erbarmungslosen
Brutalität ist ein ständiger Begleiter des Menschen im
europäischen Mittelalter. Selbst wohlhabende Bürger
erleben Hungersnöte. Niemand kann die Jahreszeiten
beeinflussen. Jede Ernte kann verderben, jedes Vieh er-
kranken. Ist aber die Ernte reich und das Vieh fett, begegnet man dem Trauma des Hungerns mit hemmungs-
losen Fressgelagen. Lange Speisetafeln ächzen unter
Bergen von Fleisch, Brot, saisonalem Gemüse und Obst,
alles ist einfach und ohne nennenswerte kulinarische
Kniffe zubereitet. Die glücklichen Esser drängen sich um
den Tisch: Das gemeinschaftliche Schlemmen ist auch im
Mittelalter Dreh- und Angelpunkt des sozialen Gesche-
hens. Im frühen Mittelalter bedeutet das gemeinsame Essen eine besonders tiefgehende Bindung. Teilt man etwa
mit einem Geschäftspartner das Abendbrot, so kommt
dies einer Vertragsunterzeichnung gleich.

Im hohen und späten Mittelalter entwickelt sich die Essenszubereitung zu einem Handwerk, das man als Kochkunst bezeichnen kann – um 1350 hält zum ersten Mal im deutschsprachigen Raum ein unbekannter Autor in *Das buoch von guoter spise* Rezepte schriftlich fest. Und mit der »guten Küche« geht auch die soziale Schere wieder auf: Auch im frühen Mittelalter gibt es beim Essen natürlich Unterschiede zwischen Arm und Reich, doch manifestieren sich diese eher in der Höhe des Fleischbergs und der Masse an Eintopf. Doch jetzt isst die Bäuerin weiterhin ihren Getreidebrei und manchmal Fleisch, dessen leicht gammliges Aroma mit einheimischen Kräutern übertüncht wird, während dem Herren Wild, in Salz konservierte Importfische wie Hecht oder Kabeljau und Geflügel serviert werden. Letzteres ist besonders prestigeträchtig, denn für alle Produkte gilt: Je höher »geerntet«, desto wertvoller. Was nahe dem Himmel gedeiht, flattert und fliegt, steht in der Hierarchie der Speisen über der knorrigen Rübe, die unter der Erde wächst. Außerdem sind die sogenannten »Herrenspeisen« mit allerlei teuren Gewürzen verfeinert, die dereinst die Kreuzritter nach ihren Aufenthalten im Orient mitgebracht haben und mittlerweile durch den Fernhandel ins Land kommen. Safran, Ingwer, Zucker, Zimt, Nelken und Mandeln duften aus den Schüsseln der Wohlhabenden. So ist die Qualität dessen, was Herren und Bauern auf ihren Tischen vorfinden, sehr unterschiedlich. Gegessen wird auf dem Hof trotzdem gemeinsam – die Scham der Privilegierten ist wohl eher etwas, das der bisweilen zu Sentimentalität neigende moderne Mensch verspürt.

Auf einem großen Gutshof wird zu Tisch gerufen. Die Tafeln sind in konzentrischen Kreisen angeordnet. Im Zentrum sitzt der Gutsherr mit seinem engsten Gefolge. Drumherum sitzen all jene, die für ihn arbeiten – je weiter weg man sitzt, desto unbedeutender ist man innerhalb der sozialen Struktur des Hofes. Die Stimmung ist ausgelassen, derbe Scherze werden mit schallendem Gelächter belohnt (Fressattacken, verdorbene Lebensmittel und dann wieder Ernährungsmangel führen ständig zu entsprechenden Leiden, weshalb der allgemeine Humor sich häufig aus dem eher weniger subtilen Themenkreis der Magen-Darm-Erkrankungen bedient). Die Bauern an den weiter vom Herrn entfernten Tischen essen dunkles, hartes Brot aus Roggen-, Gersten- oder Hafermehl, das gar nicht erst gesiebt wurde, weshalb es voller Kleie ist und entsprechend schwer zu kauen. Dieses Bauernbrot findet man auch auf dem Tisch der Privilegierten, doch diese benutzen die knochentrockenen Fladen als Teller für ihr Fleisch. An manchen Tagen werden nach dem Essen diese Brote, die mittlerweile mit dem Bratensaft des guten Fleisches vollgesogen sind, großmütig an die Tische ganz hinten weitergereicht.

Den Glücklichen an der Tafel im Zentrum wird heute eine besonders beliebte Herrenspeise kredenzt: Blamensir, ein Gericht, das aus weißen Zutaten besteht (auch bekannt unter dem französischen Namen *blancmanger*). Wie alle Kochanleitungen im *buoch von guoter spise* hält sich auch das Rezept für Blamensir recht bedeckt, was Mengenangaben, klare Anweisungen zur Verarbeitung der einzelnen Zutaten oder Garzeiten betrifft – dafür beendet der Autor gern mal ein Rezept mit der lakonischen Aufforderung, das Gekochte nicht zu versalzen. Das Buch richtet sich eben an versierte Köche, denen eine Gedankenstütze reicht und die ihr Wissen möglicherweise nicht mit jedem teilen wollen, auch wenn eingangs behauptet wird, dass das Buch den »unwissenden Koch weise« machen würde. Letztendlich wirkt jedes Rezept, als würde der Autor in irgendeiner Burgküche neben der Feuerstelle stehen, während ein rotierender Koch im abgehackten Rhythmus des Mörsers, mit dem er Gewürze zerstößt, ihm rasch die Zubereitung eines Gerichts zuruft.

Blamensir macht man demnach in etwa so: Man nehme ein halbes Pfund Mandeln und ein Viertelpfund Reis – so weit die präzisen Vorgaben. Den Reis zerstößt man zu Mehl, auch die Mandeln sollen wohl im Mörser zerkleinert werden. Diese beiden feinpulvrigen Zutaten gibt man in kalte Ziegenmilch. Als Nächstes soll man eine Hühnerbrust rupfen, zerhacken und mit dem Rest vermengen. Schmalz kommt dazu. Das Ganze kochen, »und gibs im genuc«, sprich: erhitze es genug. Es steht zu vermuten, dass die Mixtur aufgekocht werden soll. Dann zieht ein Küchenjunge an einer Kette, die mit der Hebevorrichtung überm Feuer verbunden ist. Der Topf fährt rasselnd in die Höhe, die Hitze nimmt ab, die Flüssigkeit köchelt nur noch leicht und dickt ein (an anderer Stelle ist von »dicker Mandelmilch« die Rede). Jetzt wird der Topf ganz vom Feuer gezogen. Zerstoßene Veilchenblüten werden in die dampfende weiße Speise gestreut. Zuletzt noch ein Viertelpfund Zucker. Ein süßlicher Duft steigt nun aus dem heißen Topf empor, der Blamensir ist fertig. Das Rezept schließt mit dem Hinweis, dass man in der Fastenzeit statt Huhn auch Hecht verwenden kann.

Der für den heutigen Gaumen seltsam anmutende Mix aus herzhaft und süß ist in der mittelalterlichen Küche keine Seltenheit. Die Idee, Gerichte nach verschiedenen Geschmacksrichtungen zu sortieren und sie in der Abfolge eines Menüs aufzutragen, das erst zum Schluss ein süßes Dessert präsentiert, wird erst im 19. Jahrhundert *en vogue*. So kann man durchaus ein Stückchen Konfekt zum pfeffrigen Wildbret naschen. Und sich so des süßen Lebens erfreuen, das am heutigen Tag den Tisch für manche so reich gedeckt hat.

Lotusblüte, aus einer Wassermelone geschnitzt, Sukhothai

König Rama II., Thailands Herrscher zu Beginn des 19. Jahrhunderts, schreibt einmal ein Gedicht über eine Königin, die vom Hofe Siams verbannt wurde. Verzweifelt ob ihrer schwierigen Lage verkleidet sie sich als Magd und gelangt so in die Küche des Palasts. Dort macht sie sich an die Arbeit. Sie will Kontakt zu ihrem Sohn aufnehmen, dem Prinzen, der ahnungslos im Speisesaal sitzt. Das Gemüse, das gleich in seine Suppe gegeben werden soll, liegt bereit, es wurde sorgfältig in mundgerechte Stückchen geschnitten. Die verbannte Königin zückt ihr zierliches Messer – und beginnt, Miniaturen in das Gemüse zu schnitzen. Es sind lauter Szenen und Erinnerungen aus dem gemeinsamen Leben von Mutter und Sohn, die sie mit feinsten Schnitten modelliert. Damit fertig, sucht sie nach dem Obst, das zum Nachtisch gereicht werden soll. Schnell greift sie nach den feurig bunten Früchten und schnitzt auch in diese ihre Bilder, die den Sohn an seine fast vergessene Mutter erinnern sollen: Essen gerät hier zum Medium der Kommunikation. Es gibt ein Happy End. Sobald der junge Prinz die kunstvollen Schnitzereien erkennt, eilt er in die Küche, findet dort die verstoßene Königin und bewirkt, dass sie an den Hof zurückkehren darf.

Die Kunst des Obstschnitzens, *kae sa luk* genannt, entsteht im 14. Jahrhundert am Hof Sukhothais. Das erste thailändische Königreich ist um 1300 eines der bedeutendsten buddhistischen Zentren der Welt. Weitläufige Tempelanlagen öffnen sich in alle Richtungen der sanft gewellten Landschaft, schlanke Ziegeltürme, geformt wie lang gezogene Glocken, spiegeln sich in ruhigen Gewässern, auf denen pinke Lotusblüten treiben. Die Keramiker des jungen Königreiches stellen Gefäße her, die mit einer jadegrün schimmernden Glasur überzogen sind und überall bewundert werden. Angeblich hat eine handwerklich ebenfalls sehr geschickte Frau, eine Hofdame namens Nang Nophamas, die bis heute tief in der nationalen Identität Thailands verwurzelte Kulturtechnik des Obstschnitzens erfunden. Auch hier verschmilzt die Geschichtsschreibung mit träumerischen Legenden. Es gibt zwei davon: Die erste spielt sich unter König Rama Khamhaeng ab, der allerdings spätestens 1317 stirbt. Auf einer Schiffsreise beobachtet er, wie besagte Hofdame eine Laterne fertigt, und zwar aus Bananenblättern, die sie so raffiniert bearbeitet, dass sie die Form einer Lotusblume annehmen. Ins Innere der Blüte stellt sie eine brennende Kerze und lässt die Laterne bei Vollmond auf dem Wasser schwimmen. Den König berührt dieser Anblick so sehr, dass er Nang Nophamas zur Frau nimmt und außerdem die Vollmondnacht des zwölften Mondmonats zum buddhistischen Feiertag erklärt. (Bis heute wird in Thailand das Lichterfest *loy krathong* gefeiert, bei dem nachts kleine Flößchen aus dem Strunk von Bananenstauden, geschmückt mit Kerzen, Räucherstäbchen, Blumen und Blättern, aufs Wasser gelassen werden. Mit den kleinen Laternen sollen Ärger und Groll hinwegtreiben.)

Die zweite Legende um die Entstehung des *kae sa luk* spielt sich ein halbes Jahrhundert später ab, Nang Nophamas ist dieses Mal Hofdame unter König Phra Ruang, einem späteren König der Sukhothai-Periode. Auch hier wird *loy krathong* gefeiert, es ist allerdings bereits ein übliches Fest. Nophamas fertigt wieder ihr kunstvolles, an eine Lotusblume erinnerndes Boot aus Bananenblättern, doch dieses Mal schmückt sie die schwimmende Laterne mit wunderschönen Schnitzereien aus Obst- und Gemüsestücken. Der König ist von dem kleinen Kunstwerk so begeistert, dass er das *kae sa luk* zur Hofkunst erhebt, die alle adeligen Damen erlernen sollen.

Welche der beiden Legenden nun der historischen Wahrheit am nächsten kommt, bleibt ungewiss. Deutlich wird aber in beiden Geschichten, dass das Obstschnitzen in seinem Kern eine königliche Kunst ist, die zudem direkt mit der Verehrung Buddhas verknüpft ist – nicht nur das Lichterfest als buddhistische Zeremonie spricht dafür, sondern auch die Tatsache, dass Nang Nophamas in beiden Fällen eine Lotusblüte fertigt, die Blume Buddhas. Auch hat die Herstellung der Schnitzarbeiten etwas zutiefst Meditatives: Mit einem kleinen Tranchiermesser, das einer spitzen Schreibfeder gleicht, werden feine Furchen ins Fruchtfleisch gezogen, gleichmäßige Rundungen herausgearbeitet, Wellen beschrieben. Und wieder von vorn. Die Wassermelone mit ihrem frischen Rosaton, der sich nach außen hin ins Weiße und dann ins Grüne verliert, eignet sich besonders gut, um die überdimensionierten Lotusblumen zu schnitzen. Es entstehen papierdünne Blüten in einem satten Pink, die Ränder der Blätter leuchten wie in milchig weiße Farbe getaucht. Strudelförmig verdichten sich die Blüten zur Mitte hin. Während sich der süßliche Duft der Melone immer intensiver ausbreitet, werden die nächsten Früchte bearbeitet. Etwa zu Körben aus Obst, in die bunte Kugeln aus anderen Früchten gelegt werden. Aus Papayas werden die prallen Blüten von Rosen und Chrysanthemen. In die feste Haut von Kürbissen schnitzen die Messer gewundene Blätter. Ein künstlicher Garten entsteht, in einer Umkehrbewegung geschaffen aus den natürlichen Früchten der Bäume und der Erde.

Die Herstellung einer essbaren Tischdekoration gerät zur spirituellen Praxis. Einmal mehr erfährt Essen eine symbolische Aufladung, in diesem Falle steht sie für religiöse Verehrung. Aber auch für weltliche Machtdemonstration: Über Jahrhunderte sind die vergänglichen Kunstwerke, die beim *kae sa luk* entstehen, ausschließlich für die Speisetafeln des Königs bestimmt (im

Gegensatz zu heute; mittlerweile ist das Obst- und Gemüseschnitzen eine Fertigkeit, die in Kochschulen gelehrt wird und auch der Dekoration bürgerlicher Tische dient, als ästhetische Komponente, die fester Bestandteil der thailändischen Küche ist). Oftmals werden die geschnitzten Früchte gar nicht gegessen, sondern lediglich bewundert, ähnlich den Schaugerichten, die etwa zur selben Zeit in Europa üblich werden. Offenbar besteht auch in Sukhothai der Wunsch, auf den Tafeln der Elite noch mehr zu bringen als »nur« wohlschmeckendes Essen. Je steiler die Hierarchien, desto mehr Überfluss gibt es auch hier am Tisch, um vergessen zu machen, dass auch ein König nur ein Lebewesen mit Verdauungstrakt ist, das seinem Körper Essen zuführen muss. Die dekorative Speise als etwas eigentlich Überflüssiges, das lediglich schön und opulent ist, verschleiert, überstrahlt diesen Aspekt, lässt den Herrschenden übermenschlich erscheinen. Und doch wirken die geschnitzten Blumen aus Obst und Gemüse filigraner, subtiler als die vergoldeten Schwäne und abgeschnittenen Eberköpfe auf den europäischen Fürstentafeln. Bescheidenheit ist eben eine buddhistische Zier.

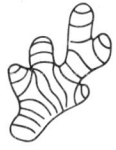

Curry, Indien

Seit Urgedenken träumt der kochende und essende Mensch von Gewürzen. Phönizier, Römer, Griechen und Chinesen trotzen bereits in der Antike Sturmfluten und unwegsamen Wüstenpfaden auf Schiffen und mürrischen Kamelen, um Pfeffer, Ingwer und Zimt an der indischen Malabar-Küste zu kaufen, die in der Heimat als Kostbarkeiten gehandelt werden. Königreiche bekriegen sich, um die Oberhand im Gewürzhandel zu gewinnen. Entschlossene Entdecker machen sich auf, um neue und schnellere Seewege zu erschließen, und erleben unglaubliche Dinge. Christoph Kolumbus entdeckt versehentlich Amerika. Vasco da Gama meistert die Seeroute ums Kap der guten Hoffnung, beweist so, dass der Atlantische mit dem Indischen Ozean verbunden ist, und schlägt damit dem arabischen Gewürzkartell ein unerwartetes Schnippchen. Ferdinand Magellan umsegelt zum ersten Mal die Welt (oder besser gesagt der Rest seiner Flotte, Magellan selbst wird unterwegs auf einer philippinischen

Insel von dessen Bewohnern getötet, die sich nicht missionieren lassen wollen). Jede dieser Expeditionen im Zeichen der Gewürze verändert das menschliche Wissen um unsere Welt fundamental. So groß ist die Sehnsucht nach dem Duft von Zimt und Kurkuma und dem scharfen Kribbeln des Pfeffers, dass diese tiefe Begierde neue Kontinente aus dem Wasser steigen und ganze Ozeane aufeinanderprallen lässt.

In Indien selbst, wo man an der würzigen Quelle sitzt, wird schon immer mit vielen Gewürzen gekocht. Über 3000 Jahre alte Sanskritschriften dokumentieren die Verwendung von Pfeffer und Kurkuma und beschreiben vor allen Dingen deren medizinische Wirkung: Auch in Indien weiß man um die heilende Kraft des Essens, hier nennt man das Ganze »Ayurveda«. Curry, womit erst einmal schlicht eine würzige Beilage zu Reis gemeint ist, ein vielseitig und kräftig gewürztes eintopfartiges Gemüse- oder Fleischgericht, wird wohl schon mindestens so lange gekocht. Seine Blütezeit erlebt dieses Gericht der vielstimmigen Gewürze allerdings später in der Ära der muslimischen Moguln, die vom 16. bis ins 19. Jahrhundert in Indien herrschen. Als eine Art indische Version der Medici fördern die Moguln Kunst und Kulinarik. Auf der ganzen Welt staunt man über das Taj Mahal und seine marmornen, mit Edelsteinen besetzten Fassaden, die in der flirrend heißen Luft blitzen und funkeln. Mit den kaiserlichen Armeen ziehen Küchenbrigaden durchs Land, um die Befehlshaber zu bekochen. An den mogulischen Höfen werden prunkvolle Feste gefeiert. Man serviert farbenprächtige, duftende Speisen auf goldenen Tabletts. Die Gerichte sind mit hauchdünnen Blättern aus echtem Silber bestreut, so leicht, dass sie durch die warme Luft emporgehoben werden und schimmernd auf die lange Tafel herniederschweben. Und so schwappen die Lieblingsgerichte der Herrscher in jede noch so kleine Garnisonsstadt. Darunter eben auch: Currys. Ein vielgestaltiges Gericht in dicken, glänzenden Saucen, die in allen Farben des Sonnenaufgangs leuchten. Im Zentrum steht immer ein Fleisch, Fisch oder Gemüse, das in einer sämigen Flüssigkeit gekocht wird. Diese kann Kokosnuss enthalten, Joghurt, Brühe, Wasser oder Sahne. Worauf es aber ankommt, das sind die Gewürze, für die so viele Menschen ihr Leben gelassen haben. Ins indische Curry kommen sehr viele davon, um die zwanzig verschiedene Aromen sind üblich, meistens sind darunter: Nelken, Pfeffer, Zimt, Ingwer, Kardamom, Koriandersamen, Kreuzkümmel, Lorbeer und Bockshornklee. Am Ende soll jeder Bissen gleichzeitig süß, sauer, mild und herb schmecken. Die Gewürze werden direkt vorm Kochen gemahlen, geröstet und teilweise vermischt, während andere nur einzeln dem leise blubbernden Curry hinzugefügt werden, jeder Koch spielt da seine eigene Melodie. Von manchen Gewürzen wird später noch einmal eine Handvoll in heißem Öl gebraten und ins Essen gegeben, um dem Gericht noch mehr Intensität zu verleihen.

Und dann: die Schärfe. Sie ist es, an die man bei indischer Küche denkt, eine die westliche Zunge versengende, heiß brennende Schärfe, die einem die Luft nimmt, während Tränen aus den Augen schießen. Tatsächlich ist das indische Curry zunächst einfach pikant, es wird meistens mit Ingwer und Pfeffer gewürzt, bis der eingangs erwähnte Kolumbus Amerika und damit auch die Chilipflanze entdeckt. Dieser Moment markiert eine Zeitenwende für den Geschmack indischen, aber auch südostasiatischen und afrikanischen Essens. Die Portugiesen bringen die Pflanze, die schärfer als alles andere schmeckt, nach Afrika, in den Nahen Osten, nach Thailand, Japan – und nach Indien, wo man die besonders feurige Sorte Bhut Jolokia zum Favoriten ernennt. Ab dem 16. Jahrhundert werden die Currys damit scharf, die Intensität variiert je nach Region. Die Schärfe kommt zu dem Zeitpunkt nach Indien, an dem sich in Europa langsam ein weiterer Paradigmenwechsel vollzieht, nämlich weg von der scharfen Gewürzküche, hin zu milderen, buttrigeren, sahnigeren Gerichten. Dieser Kontrast zwischen den milden und den scharfen Landesküchen manifestiert sich und bleibt bis heute bestehen.

Warum man gerade in solch heißen Ländern wie Indien oder Thailand so gern scharf isst, darüber gibt es einige Theorien. Die These, dass die Schärfe irgendwie gegen die Hitze abhärten würde, kann wohl jeder, dessen Gaumen in einer eng besetzten Garküche auf einem staubig heißen Bürgersteig in Bangkok schon einmal in Flammen stand, empirisch widerlegen. Allgemein geht man davon aus, dass die scharfen Chilis gefährliche Bakterien im Essen abtöten würden, also eine Art desinfizierende Wirkung haben. Zwar verfügen Chilis wirklich über eine antibakterielle Substanz, doch wissenschaftliche Studien haben ergeben, dass es sich dabei eher um einen angenehmen Nebeneffekt handelt als um den Grund dafür, dass bestimmte Länder die Schärfe lieben. Vielleicht lässt sich die Frage, warum scharfes Essen in manchen Regionen der Welt beliebter ist als in anderen, nicht abschließend erörtern. Nur so viel ist sicher: Zu der Zeit, als neue Welten entdeckt und unbekannte Seewege erschlossen werden, berühren für einen Augenblick lang die unterschiedlichsten Geschmäcker, Kulturen und Produkte einander, bevor sich vieles wieder separiert. Aber genau in diesem Moment kommt es in die Welt, dieses leuchtend bunte Curry, feurig scharf, getragen vom melodiösen Sound der Gewürze.

12 Unzen feste Nahrung, 14 Unzen Wein, Italien

Er habe beschlossen, über das Laster der Unmäßigkeit beim Essen und Trinken zu schreiben, verkündet Alvise Cornaro im ersten Buch seiner *Discorsi intorno della vita sobria*, Traktate vom maßvollen Leben, mit deren Niederschrift er um 1550 beginnt.[8] Cornaro, in der zweiten Hälfte des 15. Jahrhunderts in Venedig geboren, blickt da bereits auf mehrere Leben zurück. Als entfernter Verwandter einer der reichsten Familien der mächtigen und prachtvollen Lagunenstadt lässt er es sich zunächst richtig gut gehen. Bis er knapp vierzig Jahre alt ist, trifft man ihn als hedonistischen Renaissancemenschen auf jeder Festivität der Stadt an, wo er sich hemmungslos allen leiblichen Genüssen hingibt. Irgendwann ist er so massiv übergewichtig, von Gicht und vermutlich Diabetes geplagt, dass die Ärzte ihm seinen baldigen Tod prophezeien. Das Einzige, was ihn noch retten könnte: eine radikale Diät. Und so beginnt Cornaros zweites Leben als Verfechter der »Macht der Mäßigung«. Den Rest seiner Tage isst er täglich weniger als vierhundert Gramm feste, einfache Nahrung (Ei, Brot oder Suppe) und trinkt nicht mehr als zwei Gläschen Rotwein. Er führt auf diese Weise ein gesundes und für seine Zeit ungewöhnlich langes Leben (einige Quellen gehen davon aus, dass er über hundert Jahre alt wird, andere sprechen immerhin noch von gut achtzig Jahren). Sein Traktat wird zum viel übersetzten *Antiaging*-Bestseller, der bis ins 19. Jahrhundert immer wieder gern gelesen wird. Es ist, wenn man so will, der Ur-Diätenratgeber.

Dass Essen und Gesundheit in einem direkten Zusammenhang zu betrachten sind, dass Essen sogar heilende Kräfte haben kann, weiß man bereits seit der griechischen Antike. Aus dieser stammt auch der Begriff »Diät«, er bedeutet ursprünglich »Lebensweise« und meint ein ausgewogenes Verhältnis von Körper und Nahrung. Seit Cornaro hat sich ein Bedeutungswandel vollzogen: Wer heute von einer Diät spricht, meint damit, dass man weniger isst. Und das, etwa seit dem späten 19. Jahrhundert, zumeist weniger aus gesundheitlichen, denn aus ästhetischen Gründen. »Der menschliche Körper ist ein durch und durch soziales Phänomen«, schreibt Robert Gugutzer. »Was immer Menschen mit ihrem Körper tun, welche Einstellung sie zu und welches Wissen sie von ihm haben, ist geprägt von der Kultur, Gesellschaft und Epoche, in der diese Körperpraktiken, -vorstellungen und -bewertungen auftreten.«[9] Bis zur Jahrhundertwende ist der freiwillig heruntergehungerte Körper als Ideal einer

von der Gesellschaft festgelegten Schönheit eine Randerscheinung. Möglicherweise, weil der Mensch bis dahin
noch überall auf der Welt immer wieder mit Hungersnöten konfrontiert wird. Die Diät im heutigen Sinne ist
eben auch ein Phänomen der Wohlstandsgesellschaft –
freiwillig hungert nur derjenige, der jederzeit über eine
gut gefüllte Vorratskammer verfügen kann. Männer sollen bis dahin athletisch oder stattlich sein, Frauen eher
wohlgerundet, nur die Taille muss modisch schlank sein,
doch dafür braucht es keine Nulldiät, sondern ein Korsett.

Erste Extremfälle werden bekannt: Der Dichter Lord
Byron hält in seinen Tagebüchern seine permanenten
Versuche, sein Gewicht zu reduzieren, akribisch fest.
Er dokumentiert, dass er täglich nicht mehr als zwei
kleine Zwiebacke isst, einmal am Tag gibt es eine Tasse
Tee – den Rest des Tages trinkt er Apfelessig, um den
Hunger zu unterdrücken, dazu kommen Abführmittel
und schmerzhaft heiße Bäder. Auch die österreichische
Kaiserin Elisabeth, genannt Sisi, kämpft mithilfe von
Nahrungsverweigerung und exzessivem Sport darum,
die »schönste« Frau ihrer Zeit zu bleiben. (Bis dahin ist
Schönheit im Übrigen nicht unbedingt Frauensache; in
der Antike gilt der männliche Körper als ästhetischer,
und bis ins frühe 18. Jahrhundert ist Schönheit eher ein
Thema der Elite und drückt sich in der immer kostbare-
ren Mode aus, die beide Geschlechter tragen.)

Lord Byron und Kaiserin Sisi zeigen alle Anzeichen
einer Krankheit, die bis heute eine immer größere Rolle

in unserer Gesellschaft spielt. »Ich esse keine Suppe! Nein! / Ich esse meine Suppe nicht! / Nein, meine Suppe ess' ich nicht!«, schreit der Suppen-Kaspar im »Struwwelpeter« von 1844, das sich ungehemmt des Prinzips der schwarzen Pädagogik bedient. Entsprechend endet die Gutenachtgeschichte vom Jungen, der nicht mehr essen mag und immer dünner und dünner wird: »Am vierten Tage endlich gar / Der Kaspar wie ein Fädchen war. / Er wog vielleicht ein halbes Lot – / Und war am fünften Tage tot.«[10] Zum einen zeugt der Text von der ungläubigen Wut darüber, dass ein Kind seine Nahrung verweigert – unverständlich für jeden Erwachsenen, der noch die Ängste vor Hungersnöten kennt. Man kann den »Suppen-Kaspar« aber auch als frühe Fallstudie einer neu auftauchenden Krankheit lesen, ist sein Autor Heinrich Hoffmann doch auch Arzt und Psychiater. Das pathologische Hungern bekommt 1870 einen Namen: *Anorexia nervosa*. Bis heute steigen die Zahlen der Betroffenen, die nicht aus politischen Motiven oder Armut hungern, sondern weil eine übersteigerte Sorge um ihr Gewicht sie dazu treibt. Die Tatsache, dass man essen muss, um zu überleben, ist für Betroffene ein ständiger Terror. Essen wird zum Feind, der Körper zum umkämpften Terrain, das an allen Fronten täglich mit schonungslosem Blick kontrolliert wird.

Um 1900 werden die Kleidergrößen eingeführt, dafür werden Körper vermessen, Normen gebildet. Außerdem ist nun die Definition eines klaren Ziels der Diät möglich: Man will sich zwei Größen runterhungern, endlich in eine 38 passen, aus XL soll M werden und so weiter. Das Maß des willentlichen Hungers kann so beziffert werden. Und so überbietet man sich im 20. Jahrhundert – nur unterbrochen von den Kriegsjahren – mit wahnwitzigen Diätkonzepten: Seifen, die einen schlank waschen sollen, Stromschläge, Rüttelbänder, Bandwürmer, Diätpillen mit gefährlichen Nebenwirkungen, Wässerchen mit Arsen oder Strychnin und immer wieder neue Weisheiten darüber, was und wie viel man essen sollte. Im Vergleich zu den meisten Vorschlägen wirkt Cornaros Konzept des maßvollen Lebens doch recht vernünftig. Zumindest dürfen wir nach seiner Diät jeden Tag einen halben Liter Rotwein trinken.

Falscher Rehbraten, Heiliges Römisches Reich Deutscher Nation

»Der Biber ist ein Thier / wie ein Meerhund ... er hab dann den Schwantz im Wasser / dann er ist halb Fleisch / vnd das ander theil am Schwantz ist Fisch ... Solchs hat jm die Natur geben / das er hinden wie ein Fisch im Wasser schwimmet ...«[11] So lautet die absolut einleuchtende und wissenschaftlich unanfechtbare Erklärung des Autors der *Koch vnd Kellermeysterey*, erstmals erschienen im Jahre 1559, warum ein Biber zur Spezies der Fische zu zählen sei. Lebt dieses Tier doch im Wasser, und die Hälfte von ihm, nämlich sein schuppiger Schwanz, schwimmt sogar wie ein Fisch; also eine klare Sachlage, die tatsächlich durchs gesamte späte Mittelalter bis in die frühe Neuzeit als allgemein bekannte Tatsache akzeptiert ist. Der Grund dafür? Reine Fleischeslust.

Das Verhältnis des mittelalterlichen christlichen Menschen zum Essen ist nicht nur geprägt von Hungersnöten und sporadischen Fressgelagen. Es unterliegt auch zahlreichen Verboten und gängelnden Regeln, denn: Ungefähr ein Drittel des Jahres muss gefastet werden. In der vierzigtägigen Fastenzeit vor Ostern, aber auch an Freitagen, Samstagen, Vorabenden wichtiger Heiligenfeste, außerdem an den drei Tagen vor Christi Himmelfahrt und alle drei Monate am Mittwoch darf kein Fleisch verzehrt werden, auch Eier und Milchprodukte sind verboten. Zulässig dagegen sind Fisch, Getreide, Gemüse und Obst. Ursprünglich soll an diesen speziellen Tagen an das Fasten Jesu in der Wüste erinnert werden, der Sinn des Fastens ist also ein zutiefst religiöser. Doch über die Jahrhunderte verkommt diese Praxis zu einer Abfolge hohler, erstarrter Rituale, die man nur noch aus Gewohnheit und Angst vor Bestrafung ausführt, ohne ihrem Sinn gerecht zu werden. Das Ganze führt zu theologischen Neuinterpretationen von erstaunlicher Kreativität, welche aus dem großen Repertoire menschlicher Selbstbetrügereien schöpft.

Regelrechte Meister im pfiffigen Umdeuten und Verdrehen von Bibelstellen sind oftmals die katholischen Ordensleute selbst. So wird zunächst einmal philosophisch nachgefragt, was denn überhaupt ein Fisch ist. Am fünften Tag der Schöpfung, zum Beispiel, hat Gott die Tiere des Wassers und der Luft erschaffen. Also kann man guten Gewissens argumentieren, dass Fische und Vögel, sind sie doch quasi in einem Atemzug entstanden, derselben Gattung zugehören, und so steht einem gepflegten Brathuhn nichts mehr im Weg. Das Konstanzer Konzil legt zu Beginn des 15. Jahrhunderts außerdem fest, dass sowieso alles, was im Wasser lebt, zu den Fischen zu zählen ist. Der oben genannte Biber, aber auch Otter, Flusskrebse, Frösche, Muscheln sowie Seevögel (die man jetzt sogar aus zwei Gründen den Fischen zuschlagen kann) dürfen demnach zu Fastenspeisen verarbeitet werden. Aus den Klosterküchen wehen verheißungsvolle Düfte: Biberleberknödel, gebratener Kormoran oder in Burgunderwein simmernder Fischotter stehen auf dem Speisezettel, dazu Würste und Sülze aus Krebsen. Doch es kursieren Gerüchte, dass so manchem Mönch diese Leckereien nicht reichen und man den Begriff der im Wasser lebenden Wesen noch weiter auszudehnen versucht. So ist von Schweinen die Rede, die in den Fluss getrieben oder im Brunnen ertränkt werden, um sie zu Kreaturen des Wassers erklären zu können. Und man erzählt sich von einem Abt, der sich im Angesicht eines köstlich duftenden Spanferkelbratens bekreuzigt haben soll, um gleichzeitig dem Schweinchen die Fischtaufe angedeihen zu lassen: »*Baptisto te carpem*«, ich taufe dich Karpfen.

Jenseits dieser semantischen Spitzfindigkeiten üben sich nicht wenige Köche im bewussten Betrug. Sie faschieren das Fleisch und verstecken es vor dem strengen Auge Gottes in goldbraun gebackenen Pasteten oder hübsch geformten Teigtaschen. Und dann gibt es noch die ehrlichen Küchenmeister, die der Limitierung der Zutaten mit einer gesteigerten Virtuosität begegnen, der wahrhaft exquisite Gerichte entspringen. In der *Kellermeysterey* etwa findet sich das Rezept für einen Hecht, den man in vier Teile schneiden soll: Der erste Teil wird auf einem Rost gegrillt, der zweite in »Wein vnd Würtz« gesotten, der dritte gefüllt, und den Schwanz schließlich soll man backen. Daraufhin wird das Tier wieder zu einem Ganzen zusammengesetzt und serviert. Dieser viergeteilte Fisch erscheint rückblickend wie die schon unheimlich prophetische Vorwegnahme der gegenwärtigen Sterneküche, deren Vertreter die Idee, aus einem Produkt mehrere unterschiedliche Konsistenzen zu zaubern und diese gemeinsam auf einen Teller zu bringen, immer wieder aufgreifen, in nahezu unendlichen Variationen.

Doch die Trickkiste der mittelalterlichen Fastenküche gibt noch mehr her: Man kann Fleisch zu Fisch erklären, man kann Fleisch verstecken – und man kann es natürlich auch simulieren, in Form von Gerichten, die eine regelrechte Mimikry betreiben, um, beispielsweise, wie ein zünftiger Rehbraten auszusehen. Das geht laut der *Kellermeysterey* in etwa so: Feigen und Weintrauben werden in einen guten Wein eingelegt, anschließend gehackt und mit Mehl, Salz und Kräutern vermengt. Mit nassen Händen formt man die Masse um einen Spieß herum und gart den falschen Braten überm Feuer. Danach soll man ihn sorgfältig aufschneiden und die Scheiben schön anrichten. Darüber werden Mandeln gestreut, nach Belieben auch Zucker oder frischer Ingwer, außerdem begießt man den »Braten« mit Butter. Letzteres ist nur möglich, wenn man in einer Gemeinde lebt, die einen sogenannten »Butterbrief« aus Rom erhalten hat, der die Verwendung von Butter während der Fastenzeit gestattet, weil man aus geographischen Gründen über zu wenig Olivenöl verfügt.

Das falsche Wildbret zerfällt im Mund, es schmeckt süß, scharf und herb zugleich: Es ist immer noch gängige Praxis, ein Gericht bis zur Unkenntlichkeit zu würzen. Je wohlhabender der Haushalt, desto exotischer – also teurer – und reichlicher vorhanden sind die Gewürze, so demonstriert der Gastgeber seinen Reichtum. Hechelnd und heulend kosten die Gäste von dieser Aromakeule aus Feigen, Ingwer, Pfeffer und Nelken, loben die beißende Schärfe, wischen sich die Augen: *Schmeckt wie Fleisch, gelobt sei der Herr, Amen!*

1584

Borschtsch, Polen-Litauen

Sauer, süß, salzig und ein wenig scharf soll er schmecken. Etwas erdig. Eine klare Frische können Schmand
und Dill am Ende bringen. Das Gemüse und das Fleisch
sollen so dicht im Topf zusammenstehen, dass der Koch-
löffel steil aufragt, sobald man ihn in das köchelnde Gedränge taucht. Der Borschtsch ist ein vielgestaltiges Wesen. Es gibt unzählige Rezepte, aber kein definitives. Man
kocht ihn so, wie ihn die Großmutter kocht, die ihn so
macht, wie ihn ihre Großmutter zubereitet hat. Jeder
Borschtsch ist auch das Erbstück einer Familie, in dessen
brodelnden Ingredienzien die Geschichten, Lebensorte
und Schicksale der Generationen eingeschlossen sind.
Sein vertrauter Duft öffnet die Tür zu diesen Erinnerungen. Im Südwesten der Ukraine heißt der dritte Tag
nach einer Hochzeit *do nevistky na borshch*, »Schwie-
gertochter besuchen, um Borschtsch zu essen«. Das Leben beginnt und endet mit dem Eintopf (der manchmal
auch eine Suppe ist); er wird oft zum Leichenschmaus

gereicht. Der Borschtsch wird in den meisten slawischen Ländern gekocht, doch die Ukraine pflegt eine besondere Beziehung zu ihm, dazu gleich mehr. Die typischen Zutaten in der Ukraine, die dann kaleidoskopartig immer wieder anders gemischt und verarbeitet werden, sind jedenfalls: Brühe, rote Bete, Karotten, Weißkohl, Zwiebeln, Kartoffeln und Schweinefleisch – oder Rind oder Huhn, je nach Region.

Der Borschtsch stammt wohl aus der Ukraine. Bereits 1584 vermerkt der deutsche Kaufmann Martin Gruneweg bei einer Reise durch Kiew – das zu diesem Zeitpunkt Teil von Polen-Litauen ist – in seinem Tagebuch, dass die Ruthenen alle ihren eigenen Borschtsch kochen und sich sowieso fast nur davon ernähren würden. Zunächst wird noch Bärenklau als eine Grundzutat verwendet, ein wucherndes Kraut, dessen Stängel und Blätter man eine Woche gären lässt. Die fermentierte Flüssigkeit verwendet man zum Kochen, sie schmeckt stechend sauer und verströmt einen beißenden Geruch. Diese saure Grundnote des Gerichts führt noch weiter zurück ins Mittelalter, in die Zeit der Kiewer Rus, in der man den wahren Ursprung des Borschtsch vermutet. Eine Quelle aus dem 12. Jahrhundert erwähnt dort ebenfalls den gegorenen Bärenklau. Die Rote Bete, mit der man heute das Gericht assoziiert, kommt erst später aus Italien in den Osten; aus der grünen Suppe wird eine rote. Es bleibt ein einfaches Gericht, in dem das drin ist, was Erde und Wiese hergeben.

Die saure Suppe wird jahrhundertelang in ganz Osteuropa gekocht, in all ihren vielfältigen Ausformungen.

Dann kommt die Sowjetunion. Manche Stimmen sagen, die lange Zeit der kommunistischen Diktatur hätte wenigstens den Vorteil, dass die slawische Küche nicht von irgendwelchen europäischen Moden verwässert wird, sondern man seine kulinarischen Traditionen bewahrt. Andere sind der Meinung, dass die Sowjetunion wie eine hermetisch verschlossene Glaskugel jedwede Individualität erstickt, dass die Küche siebzig Jahre lang grau und gleichförmig ist, die sowjetische Konformität jeden wilden, ungebändigten Geschmack unterdrückt. Als die Sowjetunion zerfällt, begeben sich ihre nun unabhängigen Nationen auf Identitätssuche. Der Borschtsch ist ein Allgemeingut, das gleichzeitig jedem in seiner eigenen Ausformung ganz allein gehört. Mit dem Borschtsch identifizieren sich alle. Und vielleicht ist es dieser starke identifikatorische Aspekt, der dafür sorgt, dass der Borschtsch dreißig Jahre später inmitten sinnloser Gewalt überkocht.

2019 behauptet das russische Außenministerium öffentlich, der Borschtsch sei das Nationalgericht der Russen, ein Symbol ihrer nationalen Küche. In der Ukraine reagiert man entsetzt und wütend auf diese Äußerung. Man empfindet es als einen weiteren Akt der Vereinnahmung durch das Nachbarland, das ja nicht einmal anerkennen will, dass die Ukraine eine eigene Nation ist. Nun ausgerechnet den Borschtsch für sich zu beanspruchen, der so emotional verknüpft ist mit Heimat, Familie, Kindheit, erscheint vielen als reine Bosheit. »Borschtsch ist nicht einfach nur ein Gericht, sondern etwas, das uns als Ukrainer formt, wie unsere Sprache«, sagt der ukrainische Koch Jewhen Klopotenko. Und: »Man hat der Ukraine viel weggenommen. Aber unseren Borschtsch kriegen sie nicht.«[12] Klopotenko gründet eine NGO, das Institut für ukrainische Kultur, die sich komplett dem Borschtsch verschreibt. Er plant Meisterklassen, Festivals, einen nationalen Borschtsch-Tag. Sogar Borschtsch-Emojis will er gestalten lassen, so soll das Gericht, transformiert in ein kommunikatives Zeichen, unmittelbar in unsere digitale Alltagssprache einfließen. Der Eintopf wird schließlich zum Vehikel zivilen Widerstands: Klopotenko ist es auch, der eine noch viel größere Aktion in Gang setzt. Die Ukraine reicht bei der Unesco den Antrag ein, den Borschtsch als immatrielles Weltkulturerbe der Ukraine anzuerkennen.

Es folgt der Februar 2022. Russland fällt in die Ukraine ein. Es herrscht Krieg. Im April legt die Sprecherin des russischen Außenministeriums, Marija Sacharowa, einen bizarren Auftritt vor laufenden Kameras hin. Sie behauptet, die Ukrainer hätten russische Kochbücher verboten, weil sie den Borschtsch nicht teilen wollen würden. »Darüber reden wir die ganze Zeit. Über die Ausländerfeindlichkeit, den Nazismus, den Extremismus in allen Formen«, lautet ihr erstaunliches Fazit.[13] Essen wird zum Propagandamittel. Folgt man Sacharowas grotesker Logik, so hat Russland die Ukraine mit einem international verurteilten Angriffskrieg überzogen, weil die renitenten Ukrainer auf ihrem Nationalgericht bestehen.

In Kriegen geht es um Symbole. Im Juli 2022 setzt die Unesco eines. Sie erklärt den ukrainischen Borschtsch zum immatriellen Weltkulturerbe, mehr noch, sie setzt die Kultur der ukrainischen Borschtsch-Küche auf die Liste des dringend schutzbedürftigen Kulturerbes, und zwar per Eilverfahren. Denn, so lässt die Unesco verlautbaren, die Träger der Kultur seien seit Kriegsbeginn von der Vertreibung aus ihren Gemeinden und kulturellen Kontexten bedroht. Zudem würden »die Zerstörung der Umwelt und der traditionellen Landwirtschaft die Gemeinden daran hindern, Zugang zu lokalen Produkten wie Gemüse zu erhalten, die für die Zubereitung des Gerichts benötigt werden.«[14]

»Wenn wir unser Essen schützen, schützen wir auch unsere Identität«, sagt der Koch Klopotenko. »Borschtsch ist unsere Identität.«[15] Der Borschtsch, er kann den Krieg nicht entscheiden. Doch die Schlacht um den Borschtsch ist gewonnen.

Gebratener Schwan, Europa

Der barocke Garten eines europäischen Fürstenhauses. Die Beete geometrisch angeordnet, Rabatten in einem leuchtenden Rot. Eine Kutsche, von vier Schimmeln gezogen, schwebt zwischen mehreren Springbrunnen, deren Fontänen haushoch emporschießen. Die ganze Szenerie ist erstarrt, eingefroren im Moment. Die Beete, Pferde, Brunnen und Blumen glitzern unwirklich im Kerzenlicht: Alles hier besteht aus Zucker.

Und schon präsentiert sich den Gästen die nächste Festtafel, feierlich werden die Prunkstücke aufgetragen: Es sind lauter Vögel, komplett mit Federn, Kopf und Flügeln. Auch sie erstarrt, doch nicht aus Zucker. Zunächst ein Perlhuhn, dessen gepunktetes Gefieder mit Blattgold veredelt wurde. Es sitzt in einem Korb aus Teig, neben einem Pfau, dessen Schnabel und Augenhöhlen mit Gold übergossen sind. Seine Flügel und seine schillernde Schleppe sind aufgestellt. Und dann noch – begeisterte Beifallsrufe der Anwesenden – ein schneeweißer Schwan.

Auch seine Flügel erhoben, der Schnabel glänzt in Gold. Um seinen langen gebogenen Hals sind mehrere kostbare Ketten geschlungen.

Dem Schwan wurde die Haut samt Federkleid abgezogen, sein Fleisch gebraten. Dann wurde der so essbar gemachte Körper wieder zusammengesetzt und mit seiner gesamten äußeren Hülle überzogen. Eine Stütze aus Draht, wie zum Beispiel noch im *Neuen Salzburgischen Kochbuch* von 1719 abgebildet, hält dabei Hals und Flügel in Form. Und möglicherweise, wir kennen es schon aus der Antike, werden noch ein paar Pasteten aufgetragen, aus denen lebendige Vögel flattern, Hunde herausspringen – oder auch, je nach Art des Humors des Gastgebers, ein kleinwüchsiger Mensch.

Im europäischen Barock, dieser Epoche der theatralischen Opulenz, serviert man am Hof gern solche sogenannten »Schaugerichte«. Sie sind ein Überbleibsel aus dem Mittelalter und werden meist als Zwischengang serviert – analog zum zeitgenössischen Theater, das auf schnelle, effektvolle Kulissenwechsel setzt. Die Speisetafel wird so zur Bühne, die Gerichte zum Essen für die Augen: »Die Schauessen werden solche Gerichte genennet / welche von Menschen Händen gemachet / lieblich anzuschauen und auch können genossen werden: Sie belustigen erstlich die Augen / nachgehends den Mund / und werden meinsten Theil aufgesetzet / wann man sich mit andren Speisen gesättiget hat …«, erläutert der Dichter Georg Philipp Harsdörffer in seinem *Neuen Trenchir-Büchlein* von 1657.[16] Warum etwa der gebratene Schwan nicht unbedingt zu dem Zeitpunkt gegessen wird, an dem man noch hungrig und voller Vorfreude auf die kommenden kulinarischen Freuden am Tisch sitzt, wird klar, sobald der stolze Vogel von seiner Hülle befreit und angeschnitten wird. Sein Fleisch ist zäh und von fadem, nichtssagendem Geschmack. Selbst beherztes Würzen kann nichts gegen das flaue Gefühl tun, auf dem Stück eines alten, müden Körpers zu kauen. Die Gärten und Bauwerke aus Zucker, die man später als Nachtisch verzehrt? Schmecken nicht viel raffinierter, eben einfach süß und vielleicht überhaupt nur gut, wenn man sich klarmacht, welch mühevoll geschaffenes Kunstwerk da auf der Zunge zergeht. Harsdörffer berichtet weiter, dass auch »Bilder von Butter« hergestellt werden, räumt jedoch direkt ein, dass diese schnell riechen oder gar »schmergeln« würden (was »nach ranzigem Fett stinken« bedeutet) und dass außerdem natürlich die Gefahr bestünde, dass die Fettskulpturen rasch schmelzen könnten.

Im 17. Jahrhundert verfeinern sich die Tischsitten, was mit einer Vervielfältigung der Instrumentarien einhergeht, die man zur Inszenierung dieser gehobenen Tischkultur braucht: Tischdecken, wechselnde Bestecke und Servietten bevölkern die Tafel, Letztere kunstvoll zu Vögeln, Fischen und Bauwerken gefaltet, während man das Tischtuch ja auch mal in Wellen und Strudeln zu einer Berglandschaft oder einem textilen Ozean drapieren kann. Als weitere kostbare Objekte dieser *tablescapes* schimmern feine Gläser, leuchten goldene Pokale, Teller und Schüsseln, erheben sich schwere Platten zwischen Tischbrunnen mit parfümiertem Wasser. Die Schaugerichte sind innerhalb des Theaters der Tischgedecke ein weiteres Mittel, das zum Prunken dient, es soll erregtes Staunen provozieren, und zwar, wie der Name schon sagt, beim Anschauen. Ähnlich der Augentäuschung barocker Stillleben, die durch die Virtuosität ihrer Darstellung verblüffen, geht es hier weniger um den Geschmack als um das schier überwältigende visuelle Erlebnis, das den Augen beim Anblick der Speisen, der vergoldeten Schnäbel, leuchtenden Federn, dramatisch ausgebreiteten Flügel und anmutig geschmückten Schwanenhälse bereitet wird. Das erklärt wohl auch, warum man es bei solchen Prunkbanketten in Kauf nimmt, dass auch die »normalen«, selbstverständlich ebenfalls höchst raffiniert zubereiteten Gerichte eher mäßig schmecken. Wegen der erhöhten Brandgefahr liegen die Küchenräume weit weg vom Speisesaal, die fertigen Speisen müssen durch etliche überdimensionierte Zimmerfluchten geschleppt werden. Und obwohl es in vielen Schlössern auf dem Parcours zwischen Küche und Speisesaal mehrere Aufwärmöfen gibt, wird das Essen in der Regel doch höchstens lauwarm, meistens eher kalt serviert. Auch hier ist die Repräsentation, die beeindruckende Wirkung riesiger und vieler Räume, wichtiger als der Geschmack eines gut gekochten Gerichts.

Im Jahre 1761 erfährt das aus essbaren Zutaten zubereitete Schaugericht ein jähes Ende: Kaiserin Maria Theresia verbietet den verschwenderischen Brauch. Doch die Schwäne, Eberköpfe und Pfauen werden weiterhin aufgetischt, allerdings haben sie sich in fein gearbeitete Fayencen verwandelt. Zu ihnen gesellen sich verblüffend echt aussehende Wirsing- und Rotkohlköpfe, deren Farben und fein strukturierte Oberflächen teils sogar in zartem Porzellan nachgebildet sind, oder auch Truthähne und hübsch zusammengerollte Fische. Diese skulpturalen Scheinspeisen entpuppen sich als hohle Terrinen, in denen sich nun köstliche Pasteten oder süße Überraschungen verbergen. Das Auge isst nicht mehr allein, der Geschmack kehrt zurück.

1651

Sauce, Frankreich

Es ist die Butter, die alles verändert. Im Jahr 1651 erscheint ein epochales Kochbuch: *Le Cuisinier françois*. Geschrieben hat es François Pierre de la Varenne, der bis heute als einer der bedeutendsten Köche Frankreichs gilt. Das Buch fixiert einen radikalen Geschmackswandel, der sich um diese Zeit im gesamten europäischen Raum vollzieht. Dieser Wandel lässt sich in einem Begriff zusammenfassen: Sauce. Buttrige, fette, gebundene Sauce.

Bis zu diesem Zeitpunkt spielen Saucen keine große Rolle. Und wenn sie verwendet werden, dann sind sie in der Regel salzig oder sauer. Sie sind außerdem eher dünn, texturlos wie Wasser. Die extrem salzige Fischsauce der Antike etwa tröpfelt man zum Würzen in fast jedes Gericht, das in der Regel sowieso schon völlig überwürzt ist, gerne mit beißend bitteren Kräutern. Im Mittelalter werden Saucen gelegentlich gebunden, allerdings mit Brotkrumen, Nüssen, Leber oder Blut. Ansonsten bestehen sie aus sauren, dünnflüssigen Ingredienzien wie Wein,

Essig und Saft aus Zitrusfrüchten oder unreifen Trauben, das Ganze wieder kräftig gewürzt. Fett kennen diese Saucen nicht. Bis zum kulinarischen Paradigmenwechsel im 16. Jahrhundert ist die Gewürzküche der Inbegriff guten Kochens, auch weil Gewürze eine Kostbarkeit sind. Große Entdecker wie Ferdinand Magellan lassen noch ihr Leben, um schneller Gewürze in noch größeren Mengen zu beschaffen, da lässt das Interesse der wohlhabenden Europäer an Ingwer, Zimt, Muskat und all den anderen intensiv schmeckenden und duftenden Gewürzen jäh nach – jetzt, wo sie nichts Exklusives mehr sind.

Die Erfindung der Sauce ist aber vor allen Dingen ein Triumph der Butter. Diese wird ab dem 14. und 15. Jahrhundert zunehmend verfügbar, da die Rinderzucht immer populärer wird. Einmal in den Mündern zergangen, verbreitet der Buttergeschmack sich wie eine brutzelnde, heiß und fettig duftende Lava in ganz Europa. Tatsächlich wächst die Zucht milchgebender Tiere nun noch einmal an, weil alle mehr Butter wollen. J. L. Flandrin schreibt: »Ich sehe nicht, welche demographischen, ökonomischen oder technischen Veränderungen diese kulinarische Revolution erklären könnten. Sie manifestiert sich nicht auf der Ebene materieller Zwänge, sondern auf der der Begierde.«[17] Das ist alles: Butter schmeckt einfach. Der Aspekt der Begierde und des Genusses, der dem Essen innewohnt, tritt in den Vordergrund.

La Varenne und weitere Köche seines Schlags entwickeln aus der Butter und der wachsenden Lust auf Fett völlig neue Saucen – es sind die Saucen, die wir heute in gutbürgerlichen Küchen immer noch kochen. Der *Roux*, also die Mehlschwitze, ist der Zaubertrick, mit dem La Varenne dicke, seidige Texturen schafft. Diese bis dahin unbekannte Form der Bindung verleiht den tropfenden, dünnen Saucen einen träge fließenden Körper. So zum Beispiel die Béchamelsauce: Butter wird in einen Topf geworfen, sie zerfließt, wird heiß. Unter Rühren streut man Mehl ein, beides verbindet sich zu einer sämigen hellen Masse. Nun gießt man Milch dazu, immer weiter rührend, es bildet sich eine fast weiße Sauce, schwer und dicht, die nur ganz fein duftet und schmeckt. Sie würzt nicht, sondern trägt den Geschmack der Produkte, die sie begleitet.

Denn das ist ein weiterer Teil des Geschmackswandels: Essen soll keine bitter-saure Gewürzkeule mehr sein. Feine, milde und frische Aromen fluten nun die europäischen Teller. Trüffeln, Champignons, Schnittlauch und Schalotten verbinden sich mit sahnigen Saucen. Zudem verfasst La Varenne erstmals Rezepte für Gemüse, das man bis dahin nicht besonders interessant findet. Der Eigengeschmack von Fleisch und Fisch soll hervorgehoben und geschmeckt werden, das ist entscheidend für den Umgang mit den neuen Saucen. »Saucen machen den Glanz und die Herrlichkeit der französischen Küche aus«, schreibt Julia Child. »Eine Sauce dient nicht dazu, etwas zu verstecken oder zu maskieren …«[18] Auch Wolfram Siebeck warnt: »Der Sinn einer Sauce ist nicht die Kartoffel zu ertränken, sondern das Fleisch raffiniert zu verfeinern!«[19] Die Sauce ist das schwer definierbare, flüssige Element einer Speise, das sofort ins Geschmackszentrum rollt. Das buttrige Fluidum, das alle anderen Komponenten umspielt. Sie überzieht Oberflächen, fließt heiß und schimmernd in Zwischenräume, überdeckt den Braten, tränkt das Gemüse. Sie ist das Erste, was Kinder vom Teller löffeln, das Letzte, was mit dem Brot aus der Schüssel gewischt wird. Der Ausspruch »Da könnte ich mich reinlegen« evoziert einen tiefen Teller, gefüllt mit weicher warmer Sauce, in die man abtauchen kann. Sie ist das überflüssigste Element eines Gerichts, das man am meisten will.

Aus La Varennes Saucenküche gehen fünf sogenannte »Muttersaucen« hervor, die jeder Koch beherrschen muss: *Béchamel, velouté, espagnole, tomate* und *hollandaise.* Die ersten drei beruhen auf der Mehlschwitze. Die Tomatensauce ist eine fruchtige Essenz aus Tomatenfleisch und Tomatenmark. Und für die *hollandaise* wird Eigelb mit Butter aufgeschlagen. Wer diese fünf Saucen kennt, kann aus diesen geschmeidigen Ursuppen unzählige weitere Varianten kochen. Daraus entfalten sich immer neue, raffinierte Rezepte, basierend auf einer streng verbindlichen Schule – die klassische französische Kochkunst ist geboren, und sie wird von nun eine unumgängliche Größe in der Welt sein. Und so erfindet La Varenne nicht nur die Sauce, er definiert auch, was gutes Essen ist.

Tea time, Königreich England

Ein eindrucksvolles Herrenhaus, vielleicht irgendwo in Southamptonshire. Sprühender Regen hüllt die lange Kutschenauffahrt in Nebel, die weiten Rasenflächen und akkurat gesetzten Rabatten glänzen nass. Im Innern des Hauses öffnen sich hohe Raumfluchten. Kostbare Teppiche dämpfen den Klang der Schritte, in den Vitrinen klirren sanft die kristallenen Karaffen. Das Silber wird nur mit behandschuhten Händen berührt, Ahnen blicken mit ehrwürdiger Humorlosigkeit aus den Bilderrahmen. In einem dieser Zimmer sitzt die Dame des Hauses und widmet sich konzentriert ihrer Tätigkeit: Sie bereitet Tee für ihre Gäste zu. Diese Aufgabe ist zu wichtig und Tee viel zu teuer, als dass man die Sache einem Dienstboten überlassen könnte. Deshalb besitzt sie den einzigen Schlüssel zum *tea caddy,* einer kleinen Truhe aus poliertem Holz, mit Intarsien verziert wie ein Schmuckkästchen. Hier werden die wertvollen Teeblätter aufbewahrt.

Auf einem silbernen Tablett stehen außerdem bereit: ein Kessel mit eben aufgekochtem Wasser, eine Teekanne, die bereits mit etwas heißem Wasser angewärmt wurde. Sieb, Milchkännchen, Zuckerdose. Zitronenscheiben auf einem kleinen Glasteller. Die Hausdame öffnet die Kiste und entnimmt den Tee, den sie behutsam mit einem silbernen Löffel in die Kanne schaufelt. Einen Teelöffel pro Person und noch einen Löffel obendrauf. Dann gießt sie, das Gesicht konzentriert angespannt, das heiße Wasser dazu. Den ganzen Raum ergreift nun ein ritueller Ernst. Es knistert, als die ersten Tropfen Wasser auf die trockenen Blätter fallen, duftender Dampf steigt auf. Jetzt werden die Tassen gereicht. Sie sind aus chinesischem Porzellan gefertigt, in zarten Strichen mit Blumen und Vögeln bemalt. Und so hauchdünn, dass als Erstes Milch hineingegeben werden muss. Gießt man den kochenden Tee direkt in eines dieser fragilen Gefäße, so zerspringt es auf der Stelle.

»Würde England die Weltherrschaft beschieden sein, so wäre das auch die Weltherrschaft des *afternoon tea* und des englischen Klubsessels«, schreibt Eduard von Keyserling einmal.[20] Tatsächlich entwickelt der Nachmittagstee schnell eine identitätsstiftende Kraft, er ist typisch britisch, und zwar nicht nur aus Sicht anderer Völker – die Engländer zelebrieren selbst ihren Lebensstil in Form dieses Rituals. Und das durch alle Bevölkerungsschichten hindurch. Bereits um 1750 importiert die East India Company Tee im großen Stil, und in der Mitte des 19. Jahrhunderts ist der Teepreis so stark gesunken, dass ihn sich auch die *working class* leisten kann.

Zunächst einmal ist der Tee, seine Entwicklung vom elitären Getränk hin zu einem egalitären nachmittäglichen Mahl – tatsächlich gehört zu einer anständigen *tea time* bald auch feste Nahrung –, eng mit der Entwicklung der Rolle der Frau in der englischen Gesellschaft verbunden: Die portugiesische Prinzessin Katharina von Breganza kommt 1662 nach England, um Charles II. zu heiraten, vor allen Dingen aber bringt sie eine kleine Truhe Tee mit, und damit beginnt alles. Der bis dahin allseits beliebte Kaffee wird bald vom Tee verdrängt, um 1700 ist er bereits das Lieblingsgetränk der Oberschicht. Dabei ist die Hausherrin nur im eigenen Haus alleinverantwortlich für die Aufbewahrung und Zubereitung des Tees. In den öffentlichen Kaffeehäusern, die auch Tee ausschenken, darf sie sich nicht aufhalten. Als zu Beginn des 18. Jahrhunderts die ersten Teeläden eröffnen, warten die Damen an der Hintertür, während ihre männlichen Dienstboten im Geschäft ihre Bestellungen aufgeben. Kurz darauf allerdings entstehen die ersten Teegärten, kleine Parkanlagen, in denen die strengen Regeln geschlossener Räume nicht gelten, und hier treffen Frauen sich zum Teetrinken. Es ist ein gewaltiger Schritt aus der sozial verordneten häuslichen Isolation hinaus. Gegen Ende des Jahrhunderts verschwinden die Teegärten wieder (man könnte sich vorstellen, dass das etwas mit dem englischen Wetter zu tun hat), doch da sind Tee und weibliches *socializing* bereits untrennbar miteinander verbunden. Es ist üblich, wie man in jedem Roman Jane Austens in aller Ausführlichkeit nachlesen kann, sich nachmittags im eigenen Wohnzimmer auf einen Tee zu treffen. Und so lässt das heiße Getränk den privatesten Raum zu einem halböffentlichen Ort werden, an dem sich entscheidende soziale Interaktionen abspielen. Kein Wunder, dass die nachmittägliche *tea time* noch eine weitere Aufwertung erfährt; im viktorianischen Zeitalter, etwa ab 1840, werden auch Kleinigkeiten zu essen zum Tee gereicht (auch dies die Erfindung einer Frau, nämlich der Duchess of Bedford, eine Hofdame der Königin). Kleine Sandwiches, Sponge Cakes, die mit Marmelade gefüllte Bakewell Tart und natürlich Scones werden ebenfalls Teil dieses so sorgsam gepflegten Ritus des britischen Empires. Bis der *five o'clock tea* schließlich eine selbstständige Mahlzeit darstellt, die über ihre eigenen Verhaltensregeln und Bräuche verfügt. So entsteht etwa das Teekleid, ein bequem geschnittenes Gewand für die Teestunde, das ohne Korsett getragen wird; es ist das erste Mal, dass englische Frauen sich ohne Einschnürung vor Menschen außerhalb ihres unmittelbaren Haushalts zeigen.

In der Geschichte der Menschheit wird Essen immer wieder rituell aufgeladen. Das funktioniert auch deshalb so gut, weil der Mensch nun einmal essen muss, um zu überleben. Essen ist so eng mit unserer Existenz verknüpft, dass der Sprung zum Ritual, das zunächst einmal einen sich ständig wiederholenden Vorgang bezeichnet, ein kleiner ist. Dem *afternoon tea* mit seinen perfekten

Küchlein und den aromatischen Feinheiten des teuren Heißgetränks fehlt diese bodenständige Anbindung, er erhebt sich vielmehr über jedwede Banalität bloßer Nahrungsaufnahme. Schließlich werden hier keine Lebens-, sondern Genussmittel gereicht. Die Teestunde ist in ihrem Ursprung ein absolutes Luxusritual – ein Gericht, das über identitätsstiftende Kraft verfügt, und zwar für eine Nation, die mit einem imperialistischen Selbstbewusstsein auftritt. Keyserling schreibt an anderer Stelle, dass der Komfort ein Nationaleigentum des Engländers sei. Er beschreibt den unerbittlichen Perfektionismus, mit dem die Briten ihre Umgebung und ihre Gewohnheiten gestalten, er nennt es eine »Maschinerie der Lebensharmonie«, die unnatürlich viel Platz im englischen Alltag einnehme.[21] Die Weltherrschaft des *afternoon tea*, der silbernen Milchkännchen, Teetruhen und Clubsessel, sie wird bis heute vor allem im Privaten zelebriert. So ist der Engländer ganz bei sich, während er sich seines Nationalstolzes versichert.

1770

Pellkartoffel, Königreich Preußen

Regen. Ewiger Regen. Das Wasser stürzt in zermürbender Monotonie aus dem Himmel. Einen ganzen nassen Sommer lang, in dem die Felder aufweichen und das Getreide wie bewusstlos im schlammigen Boden liegt. Dann kommt der Winter mit der Härte eisklirrender Kälte. Weißes Land bis in den Frühling hinein. Wieder kehrt der gefürchtete Sommerregen zurück. Das Korn ersäuft im Matsch. Es folgen: ein weiterer langer Winter und noch ein Sommer voller Regen. Der Himmel bleibt stumpf und grau. Eine fast drei Jahre währende Klimakatastrophe, hervorgerufen durch verschiedene klimatische Anomalien. Dauerregen in Europa. Zerstörte Ernten von Frankreich bis in die Ukraine, von Skandinavien bis in die Schweiz. Aufgrund derselben Anomalien werden Zentralamerika, Indien und große Teile Afrikas von extremen Dürren heimgesucht. Millionen von Menschen hungern, verhungern. Epidemien brechen aus. Elend und Gewalt herrschen auf den Straßen.

Dieses Endzeitszenario, das völlig unerwartet über die Menschheit hereinbricht, ist die Geburtsstunde der Kartoffel in Europa.

Doch beginnen wir am Anfang. Ab den 1520er Jahren beginnen die spanischen Konquistadoren in Südamerika das Reich der Inkas zu erobern. Bei ihren ersten, heiter als »Erkundungsreisen« titulierten Raubzügen stoßen sie auf riesige, konzentrisch angelegte Terrassen, die sich teilweise bis ins Hochgebirge ziehen. In der Erde liegen Knollen von bizarrer Schönheit, in unzähligen Formen und Farben. Dunkelviolette zerfurchte Kugeln. Goldgelbe, schlanke Hörnchen. Dunkelbraune Gebilde, die an Würste erinnern. Knorrige, rot gesprenkelte Zapfen. Manche sind gestreift, andere getupft. Vor jeder Aussaat der unbekannten Pflanze halten die Inkas aufwendige Zeremonien auf ihren Äckern ab. Sie töpfern Kultgefäße in der plumpen Form der Knollen. Nach der Ernte werden die Kartoffeln im Hochland ausgelegt, gefrieren dort zu harten Steinen. Dann tritt man mit den Füßen die Feuchtigkeit aus den gefrorenen Klumpen und lässt sie in der Sonne trocken. Nach dieser Behandlung halten die Knollen bis zu fünfzehn Jahre lang. Sie sind ein nahrhaftes Lebensmittel und eignen sich hervorragend als Reiseproviant. Staunend packen die Eroberer Exemplare der unbekannten Pflanze ein und nehmen sie mit heim. Die Kartoffel reist nach Europa.

Dort landet sie zunächst als exotisches Kuriosum auf den Tellern der Oberschicht. Es folgen Jahrzehnte der Erforschung und Kultivierung. Irgendwann finden sich

Sorten, die unkompliziert anzubauen und gegen kühles, regnerisches Wetter resistent sind. Allerdings schmecken diese ersten Sorten nicht besonders gut, selbst den wenig verwöhnten Gaumen der einfachen Bevölkerung, die sich immer noch hauptsächlich von hartem Brot und Brei, beides aus Roggen und Hafer hergestellt, ernährt. Diese ersten europäischen Kartoffeln schmecken sauer und wässrig, außerdem spüren diejenigen, die sie konsumieren ein dubioses Halskratzen.

Und da fangen die Probleme an: Die Leute mögen diese Kartoffeln nicht. Doch weitblickende Wissenschaftler und Staatsoberhäupter haben das Potenzial der Knolle entdeckt. Sie kann äußerst ertragreich sein und problemlos auch unter schwierigen klimatischen Bedingungen angebaut werden. Sie ist gesund, sättigend und billig. Sie könnte eine der größten Bedrohungen der Neuzeit aus der Welt schaffen: den Hunger.

Auch die preußische Bevölkerung begegnet der Kartoffel mit tiefstem Misstrauen. Allerdings hat ihr König Friedrich II. längst begriffen – nachdem schon sein Urgroßvater die Pflanze im Berliner Lustgarten kultivieren ließ –, welch bedeutsame Rolle der »Tartoffel« zukommen könnte, und beschließt daher, diese im Volk populär zu machen, gegen alle Widerstände. Friedrich der Große und seine »Kartoffelbefehle« sind eines der ersten Beispiele dafür, wie die Beschaffung von Essen zu einem gesellschaftspolitischen Thema wird. Friedrich ist hier ganz Herrscher der Aufklärung, in der das Gemeinwohl als Staatspflicht begriffen wird. Dennoch wird die aufklärerische Kartoffel direkt zum Ärgernis, denn in der Praxis fruchtet Friedrichs Plan zunächst nicht wirklich. In seiner Autobiographie schildert Joachim Nettelbeck, welch steinigen Weg die Kartoffel'sche Missionierung noch in den 1740ern zu gehen hat: »Ein großer Frachtwagen voll Kartoffeln nämlich langte auf dem Markte an. Durch Trommelschlag erging in der Stadt und in den Vorstädten die Bekanntmachung, daß sich jeder Gartenbesitzer zu einer bestimmten Stunde vor dem Rathaus einfinden sollte, da des Königs Majestät ihm eine besondere Wohltat zugedacht habe. ... Die Herren vom Rat zeigten nunmehr der versammelten Menge die neue Frucht vor, die hier noch nie ein menschliches Auge erblickt hatte. Dabei ward eine umständliche Anweisung verlesen, wie diese Kartoffeln gepflanzt und bewirtschaftet werden sollten. ... Dagegen nahmen die guten Leute die hochgepriesenen Knollen verwundert in die Hände, rochen, schmeckten und leckten daran. ... Man brach sie auseinander und warf sie den anwesenden Hunden vor, die daran schnupperten und sie dann liegen ließen. Nun war ihnen das Urteil gesprochen.«[22]

So dümpelt die Kartoffel erst einmal vor sich hin. Friedrich äußert sich erbost über seine renitenten Untertanen: »... und da Wir vernommen, daß der Eigensinn des Gesindes, welches die Tartoffeln zu essen sich weigert, aus dem Grunde, weil ihre Vorfahren solche nicht gegessen, den Anbau derselben sehr zurücke setzet.«[23] So kommt es zu den Kartoffelbefehlen, das sind Anordnungen und Rundschreiben mit Titeln wie »Circulare wegen der Weigerung des Gesindes, Tartoffeln zu essen«.[24]

»Was der Bauer nicht kennt, frisst er nicht«, so hat sich Friedrich der Große womöglich frustriert geäußert. Heute ist es ein Sprichwort, das gleichzeitig auf ein grundlegendes Phänomen verweist: Für viele ist Essen der Inbegriff des Vertrauten. Unbekannten Speisen begegnet man oft mit Misstrauen, was möglicherweise evolutionär bedingt ist, schließlich könnte es sich bei einer unbekannten Knolle um eine giftige Pflanze handeln. Fremdes Essen wird oftmals erst wirklich akzeptiert, wenn eine größere Menschengruppe es sich in irgendeiner Form kulturell angeeignet hat. So geschieht es am Ende auch mit der fremden Knolle aus dem fernen Reich der Inkas. Auslöser ist die eingangs geschilderte dramatische Hungersnot in den Jahren 1770 bis 72 – diejenigen, die doch ein paar Kartoffeln anbauen, sind die Einzigen, die Ernte einfahren. Das macht Eindruck, und ab da kommt die deutsche Kartoffelkampagne in Schwung. Als zusätzliches Erntegut bannt die Kartoffel vielerorts den Hunger – und erlöst das Volk nach Jahrtausenden vom matschigen Einerlei des Getreidebreis. Kurz nach der Hungerkrise kann dem König zufrieden berichtet werden, dass das Gesinde die Kartoffel nun gerne isst, beliebt sind warme Pellkartoffeln zu einem Butterbrot; der erdige, leicht süßliche Geschmack versteht sich bestens mit der weichen Milde der fettigen Butter. Eine wohlmeinende Enzyklopädie aus dem Jahre 1785 empfiehlt allerdings, dem Dienstpersonal doch nur abends die Kartoffeln zu servieren, nicht, dass auch noch beim Frühstück und Mittagessen zu viel Zeit fürs Pellen draufginge.

Irgendwas ist immer.

Picknick, Frankreich und Vereinigtes Königreich Großbritannien und Irland

Es ist ein heiterer Frühlingstag, vielleicht im Jahr 1789. Bienen brummen über der duftenden Wildblumenwiese. Eine kleine Wassermühle plätschert. Durch ein quietschendes Tor tritt eine junge Frau. Sie ist in ein einfaches bäuerliches Gewand gekleidet, das doch anmutig ihre Figur umspielt. Es ist Marie Antoinette, die Königin von Frankreich. Mitten in Versailles hat sie ein Schäferdörfchen bauen lassen, mit kleinen Bauernhäusern, ländlichen Gärten und einem malerischen Weiler. Hier trifft sie sich mit ihren engsten Freunden, allesamt ebenfalls als Hirten und Bauern verkleidet, und genießt die Tage in einem vermeintlich einfacheren, naturverbundenen Leben – sie alle haben ihren zivilisationskritischen Rousseau gelesen, der befindet, dass der moderne Mensch sich zu sehr von der Natur entfernt. Währenddessen, und das wird sich später sehr ungünstig für Marie Antoinette und ihresgleichen auswirken, leiden die echten Bauern jenseits ihres Schlossparks Hunger und machen sich für einen Aufstand bereit. Angeblich, so zischt man in Paris und auf dem Land wütend hinter vorgehaltener Hand, finden hier, in der Traumwelt der weltfremden jungen Regentin, galante Feste im Freien statt, bei denen Getränke und Speisen von unfassbarer Exklusivität aus der Schlossküche herbeigebracht werden.

Nach der französischen Revolution fliehen viele der Adeligen, denen es noch zu entkommen gelingt, nach England. Sie bringen ihre Vorliebe fürs *pique-nique* mit, das zu diesem Zeitpunkt ein generell eher zwangloses Essen bezeichnet, zu dem jeder etwas beisteuert und das sich drinnen oder draußen abspielen kann. 1801 wird in London die »*Pic Nic Society*« gegründet – offenbar ein Trupp recht extravaganter frankophiler junger Engländer, die sich in Räumen der Tottenham Street zusammenfinden, essen, trinken, feiern und immer ein Theaterstück aufführen. Jedes Mitglied bringt ein Gericht mit (welches, das wird per Los entschieden), außerdem bloß sechs Fläschchen Wein. Das Picknick *al fresco*, also ein Essen auf einer Decke in der Natur, die im Korb mitgebrachten Speisen in der Mitte ausgebreitet, wird dann im viktorianischen England zu einer Mode, die sowohl die englischen Adeligen als auch die »einfacheren« Leute der *working class* begeistert. Vor allem Letztere dürften froh sein, an ihrem freien Tag dem vom Smog verdüsterten London und seinen schlundhaften Fabriken zu entkommen, um sich irgendwo im Grünen mit einem einfachen Essen niederzulassen. Vielleicht ist man noch mit einer

Botanisiertrommel ausgestattet, um einem anderen viktorianischen Spleen nachzugehen und ein paar Blätter dekorativen Farns zu sammeln.

Das Picknick definiert einen empfindlichen Punkt innerhalb der menschlichen Geschichte: Es ist der erste Moment, in dem der Mensch sich stark von der Natur entfremdet und sich dieser Tatsache gleichzeitig vollends bewusst ist. Er ist erschöpft, müde von der Industrialisierung, der Flut der in der Fabrik gefertigten Waren und vom Anblick des rußgeschwärzten Stadthimmels. Und so lässt er sich auf seine Picknickdecke sinken – man legt sich auf den Boden, direkt auf die von der Sonne gewärmte Erde, zu den Grashalmen und den Ameisen –, um dort unten ein Mahl zu konsumieren, das unprätentiös und frei von Konventionen ist. Wobei ausgerechnet das unschuldige Picknick im Laufe des 19. Jahrhunderts immer mehr zum Gegenstand großer Inszenierungen wird. So entdeckt die Malerei – allen voran der französische Impressionismus – das Mahl unter freiem Himmel als beliebtes Motiv für sich. Es hat ja auch alles: Damen in hellen Kleidern mit wehenden Sonnenhüten, eine kleine Gesellschaft im sonnengefleckten Licht eines grünen Waldes und gut aussehendes Essen wie französische Backwaren und farbenfrohes Obst als Stillleben auf einer hübschen Decke. Édouard Manets *Le Déjeuner sur l'herbe* (Das Frühstück im Grünen) führt zu einem handfesten Skandal, zeigt es doch das Picknick zweier voll bekleideter Herren, bei denen eine komplett nackte Dame auf dem Waldboden sitzt. Der kleine Korb mit Kirschen und einigen Brioches ist auf die Seite gefallen, die guten Sachen sind teilweise herausgekullert, doch keiner macht Anstalten, die Bescherung aufzuräumen. Das wäre mit einem der englischen Picknickkörbe, eine Erfindung des viktorianischen Zeitalters, wohl nicht passiert. Ein beliebtes Instrumentarium, um sich in der Natur niederzulassen, ohne auf die feine Etikette verzichten zu müssen. Die Körbe enthalten Silberbesteck, Kristallgläser und Porzellanteller, Salz- und Pfefferstreuer und eine hübsche Zuckerdose, alles penibel angeordnet und auf der Innenseite des Korbdeckels befestigt.

In ihrem einflussreichen Kochbuch *Mrs. Beeton's Book of Household Management* listet die Autorin auf, was man alles zu einem erfolgreichen Picknick reichen sollte. Grob gesagt: sehr viel Fleisch, also Roastbeef, Rippchen, Brathühnchen, Schinken, Zunge, viele verschiedene Pasteten, außerdem gekochten Kalbskopf. Und warum nicht ein paar Hummer? Salate, dann leicht eingekochte Früchte, die in gut verschlossenen Glasflaschen transportiert werden. Frisches Obst, Gebäck, Kuchen, Pudding. Und natürlich Brot und Butter für den Tee, den man auf einem mobilen Kocher zubereiten kann. Die Zivilisation hat uns wieder. So kann auch in Ascot beim jährlichen Pferderennen stilvoll gepicknickt werden.

Auch in Frankreich entwickelt sich das *pique-nique* zu einer beliebten Aktivität aller Gesellschaftsschichten der *Belle Époque*. Sonntags strömt das Volk in die Wälder und Parkanlagen des Bois de Boulogne, wo Hochbetrieb herrscht: Ein Defilee der schmucken Reiter und

Kutschen zieht über Wege und Alleen des Parks, wobei die Reichen es nicht an ausgefallenen Ideen mangeln lassen und ihren schicken Einspänner auch mal von einem Strauß oder einem Kamel ziehen lassen. Dazwischen picknickt man auf den Wiesen, mit Brot, Käse und Wein, und sieht dem Schauspiel zu. Ungekünstelte Natur und geplante Inszenierung zugleich. Die Polarität des modernen Menschen.

UM 1810

Dosenfleisch, Französisches Kaiserreich

Sie sind von überallher gekommen. Wie ein träger Strom treibt die Menschenmenge durch die Hallen. Weit über den Köpfen scheint die gläserne Decke im Sonnenlicht zu lodern. Die palastartige Konstruktion aus Glas und Eisen überspannt alles, Menschen, Bäume, kristallene Springbrunnen, Skulpturen. Riesige, ächzende Maschinen. Zuchtrinder und Pferde. Eine völlig neuartige Apparatur namens Telegraf. Und an einem weiteren Stand wird, unter atemlos gespanntem Schweigen, eine Konserve geöffnet. Wir schreiben das Jahr 1851, und in London herrscht Ausnahmezustand: Im neu erbauten Kristallpalast findet die Weltausstellung statt. Neben all den Innovationen, die sich hier präsentieren, wird auch der ultimative Beweis erbracht, dass die Konservendose wirklich jener Heilsbringer ist, der das Hungerproblem der Welt lösen könnte.

Gehen wir ein paar Jahre zurück: Anfang des 19. Jahrhunderts entdeckt der französische Konditor Nicolas Appert, wie man Obst, Gemüse und Fleisch länger haltbar machen kann. Die Lebensmittel werden bis zum Rand in Flaschen gefüllt. Diese sind aus dickem Glas, wie Champagnerflaschen. Appert verschließt die Flaschen hermetisch mit einem Korken und erhitzt sie im Wasserbad. Die Frische der Produkte bleibt bewahrt – konserviert. Diese Flaschen werden von der französischen Marine getestet. Ein paar zerbrechen, aber ansonsten verfügt die Mannschaft tatsächlich auch nach längerer Seefahrt über genießbares Essen; alle Versorgungsprobleme der napoleonischen Heere scheinen gelöst. Zum Dank stellt die französische Regierung im Jahr 1810 Appert vor die Wahl: Er kann sich seine Erfindung patentieren lassen oder seine Ergebnisse veröffentlichen und ein Preisgeld erhalten. Der Erfinder entscheidet sich für Letzteres, und daraufhin beginnen die Briten auf der Basis seiner Methode fröhlich drauflos zu konservieren. Allerdings verwenden sie Weißblech, das nicht wie Glas einfach zerbrechen kann. Auch Appert stellt auf Dosen um und baut seine eigene Fabrik auf. Eine seiner Konserven, fast vierzig Jahre alt, wird schließlich auf der Weltausstellung in Anwesenheit eines großen Publikums geöffnet.

Es ist eine Zeitkapsel in vielerlei Hinsicht: Derjenige, der sie abgefüllt hat, ist bereits tot. Appert ist zehn Jahre zuvor verstorben. Doch im Innern der Dose scheint die Zeit stillgestanden zu haben. Ihr Inhalt ist noch so frisch, als wäre dieser erst gestern eingemacht worden. Die Menschheit hat ihr größtes Nahrungsproblem gelöst: Zeit. Sie ist nicht mehr abhängig von den Jahreszeiten und den Produkten, die man in dieser Saison ernten kann, weniger angewiesen auf kurze Lieferwege. Und wenn man ein Rind schlachtet, kann davon noch jahrelang gegessen werden. Natürlich hat der Mensch schon immer Vorräte angelegt, aber die Konserve kann jede Art von Lebensmittel frisch halten, und das in bislang unvorstellbaren Mengen.

Das Essen in Dosen beflügelt Eroberer und Entdecker: Nicht nur können jetzt ganze Truppen auf ihren Feldzügen versorgt werden. Der Mensch kann nun, seine Konserven im Gepäck, immer weiter in unbekanntes Terrain vorstoßen. So startet 1845 die ehrgeizige Polarexpedition unter Sir John Franklin, geplante Reisezeit: drei Jahre. Als die Schiffe England verlassen, haben sie tatsächlich Vorräte für diesen langen Zeitraum an Bord, unter anderem 7105 Kilogramm frisches Dosenfleisch sowie fast 5000 Kilo Konserven mit Kartoffeln und Gemüse. Kurz nach dem umjubelten Öffnen der Appert'schen Dose allerdings wird es zur traurigen Gewissheit, dass alle 129 Teilnehmer der Reise zu Tode gekommen sind. Eine mögliche Ursache: Vergiftung durch das Blei, mit dem die Dosen zu dieser Zeit verlötet werden. Auch von der späteren Polarfahrt unter George W. DeLong wird berichtet, dass die Männer beim Verspeisen von Dosentomaten auf kleine Bleikügelchen beißen, woraufhin gescherzt wird, dass wohl einer auf die Tomaten geschossen habe. Das zwar nicht, dafür werden die Konserven regelmäßig mit dem Bajonett traktiert – denn anders bekommt man die dickwandigen Dosen nicht auf, der

Dosenöffner ist noch nicht erfunden. Hammer und Meißel werden ebenfalls bemüht. Und in vielen Haushalten schmelzen die Köchinnen die verlöteten Stellen gern mit dem Bügeleisen auf. Trotz dieser Widrigkeiten und letalen Rückschläge ist der Siegeszug der Konservendose nicht mehr aufzuhalten. Um die Jahrhundertwende wird sie bereits in Masse produziert.

1962 malt Andy Warhol die Konserve der Firma Campbell's in 32 Varianten, jede verfügbare Sorte Dosensuppe einmal. Er präsentiert dem weitestgehend verständnislosen Publikum seine Bilder aufgereiht in einem Regal, wie man es aus dem Supermarkt kennt: Das Dosenessen ist längst ein Produkt der Konsumgesellschaft geworden. Konserviert werden jetzt auch Fertiggerichte. Die Dose muss nur noch rasch geöffnet werden (einen entsprechenden Öffner gibt es inzwischen), ihr Inhalt rasch erwärmt. Nachdem jahrtausendelang fast der gesamte Tag des Menschen um die Beschaffung und Verarbeitung des Essens kreist, verwendet der moderne Mensch nur noch einen Bruchteil seiner Zeit darauf. Diese Zeitersparnis geht allerdings auf Kosten der Varianz des Geschmacks. Selbst wenn es 32 Sorten Dosensuppe gibt, so ist dieses Essen doch industriell gefertigt und abgefüllt, jede Konserve schmeckt wie die andere. Eine Vereinheitlichung der Ernährung ist die Folge. Er habe jeden Tag den gleichen Lunch gehabt, erklärt Warhol und meint damit die Dosensuppe, er schätzt zwanzig Jahre lang. Konformität nicht nur als künstlerisches Prinzip, sondern auch als Anti-Geschmackserlebnis des industriellen Zeitalters.

Eine immer gleich große Portion ist verschlossen in der blechernen Kapsel, die kein Licht und keine Luft an sein Innerstes lässt, bis es schließlich, begleitet von einem leisen Zischen, befreit wird. In diesem Moment des Öffnens entweicht ein intensiver Geruch, konzentriert, fast unangenehm. Kaltes Essen riecht nicht so verführerisch wie eine langsam aufkochende Suppe, es entfaltet keine Aromen wie ein simmerndes Schmorgericht, sondern haucht eine erstarrte Version seiner Würze in die Luft. Erst beim Erwärmen erinnert das Dosenmahl an selbst gekochtes Essen.

In der Gegenwart entdeckt die gehobene Küche das Konservieren für sich. Dabei reden wir nicht mehr von der Industriekonserve, sondern dem selbst Eingeweckten, Haltbargemachten. Intensiv schmeckende und duftende Produkte, die in zarten Fonds eingelegt werden, Eingekochtes. So entstehen paradoxe Gerichte von köstlicher Unmöglichkeit, Kombinationen von Früchten und Gemüsesorten unterschiedlicher Jahreszeiten, ein herber Winterkohl trifft die Sommerfrische einer Erdbeere. Und plötzlich umweht die Konserve etwas Romantisches, ein Hauch Schrebergarten und der Traum vom Selbstversorgen – auch Hoffnung in schweren Zeiten. Nachdem die Konserve zu Beginn ihren Siegeszug antrat, um den Menschen in die Welt ziehen zu lassen, ermöglicht sie ihm jetzt den totalen Rückzug. Das Bundesamt für Bevölkerungsschutz und Katastrophenhilfe rät, stets einen Essensvorrat für zehn Tage zu horten, für den Fall der Fälle. Eskapismus in Dosen.

UM 1830

Nigiri sushi, Japan

Ein kurzes Nicken, ein tiefes Einatmen, dann wuchten die zwei Männer den riesenhaften Thunfisch hoch. Sie haben ihn mit mehreren Seilen an eine Stange gebunden. Die Meereskreatur schaukelt und klatscht gegen ihre Körper, als sie loshetzen, die gestreiften Kimonos aus leichter Baumwolle gerafft, um nicht inmitten der Menge ins Straucheln zu geraten. Über den Köpfen schweben große Körbe, gefüllt mit Seebrassen und Abalonen, die an urwüchsige steinerne Ohren erinnern. Die Tentakel der Oktopusse hängen schlaff herunter, wie die müden Schnüre eines Perlenvorhangs. Plötzlich übertönt das schrille Klingeln unzähliger Glöckchen die Rufe der geschäftigen Fischer und Händler – sechs Uhr morgens, der Tag beginnt. Auch jenseits des Fischmarktes erwachen die Straßen der Stadt, die in jenen Tagen eine der größten der Welt ist: Edo, heute auch bekannt als Tokyo.

Als die Samurai-Dynastie Togukawa 1603 die Macht in Japan übernimmt, endet damit bald darauf eine lange unruhige Phase des Inselstaates, und das hat vor allen Dingen mit einer ungewöhnlichen Entscheidung zu tun: Während die gesamte Welt im Wandel begriffen ist, neue Länder erschlossen werden, große Handelsrouten entstehen, beschließt Japan, sich vollkommen vom Rest des Planeten abzuschotten. Über 200 Jahre lang werden keine Fremden ins Land gelassen, dürfen keine Japaner mehr ausreisen. Der einzige Kontakt zu wenigen ausgesuchten Handelspartnern findet auf einer künstlich aufgeschütteten Insel im Hafen von Nagasaki statt, ansonsten verharrt das Land unter seiner Glasglocke. Wie aber entwickelt sich ein Land, das sich so konsequent von allen äußeren Einflüssen lossagt? Tatsächlich setzt die selbst geschaffene Bubble Japans ungeahnte Energien frei – die Edo-Zeit gilt bis heute als Blütezeit der japanischen Kultur, vor allen Dingen in kulinarischer Hinsicht. Während die Bauern in Mitteleuropa noch verdrießlich ihren Getreidebrei löffeln, essen die Reisbauern von Edo bereits ihre seidigen Suppen mit Buchweizennudeln, gegrillten Aal mit süßer *kabayaki*-Sauce und duftendes Tempura, also frittierten Fisch und Gemüse; der Fleischkonsum ist in dem buddhistischen Land untersagt. Außerdem entsteht in dieser Zeit der totalen Autonomie ein Gericht, so einzigartig, wie man es nirgendwo anders auf der Welt jemals gesehen oder geschmeckt hätte: Sushi.

Am Anfang steht eine spezielle Methode des Fermentierens. Schon im 6. Jahrhundert pökelt man in Japan Fisch mit Salz und packt diesen zusammen mit gekochtem Reis in Fässer. Jahrhunderte später wird der Reis mit Reisessig versetzt, der zusammen mit dem Fisch in Holzformen gepresst wird. Dieses frühe Sushi ist in der Edo-Zeit bereits sehr beliebt. Es wird hauptsächlich an Straßenständen verkauft, kleine hölzerne Buden, wie Miniaturhäuser. Sie stehen überall, am Straßenrand und an Kreuzungen, vor den viel besuchten Badehäusern, es gibt Tausende von ihnen. Nachts leuchten ihre Papierlaternen inmitten der Menschenströme. Man isst hier im Stehen, tunkt die kleinen Häppchen in eine gemeinsame große Schale Sojasauce. Danach wischt man sich die Hände an einem Tuch aus weicher Baumwolle ab, das direkt am Stand hängt. Die beliebtesten Stände sind die mit den schmutzigsten Tüchern.

Und dann, gegen Ende der Edo-Zeit, verändert sich die Form des Sushis noch einmal. Knapp 200 Jahre nach Beginn der Abschottung, um 1830, erfindet ein Sushi-Meister namens Yohei das *nigiri sushi*. Es erscheint wie das Kondensat des Glasglocken-Edo. Mit Essig und Zucker versetzter Reis wird manuell zu kleinen ovalen Stücken geformt, ein organischer Abdruck des Inneren einer geschlossenen Hand. Die obere Seite dieses Bällchens wird dünn mit Wasabi-Paste bestrichen. Darauf kommt eine präzis glatt geschnittene Schicht Fisch oder Meeresfrucht, zunächst noch mariniert oder gekocht, später unverstellt roh. Die Prägung durch die vegetarische Küche hat einen gewissen Widerwillen gegen würziges Fett und derb-fleischige Aromen in der japanischen Kultur verankert, die Küche Edos verlangt nach Klarheit. Und: Man soll jedes verwendete Produkt eines Gerichts schmecken, deshalb ist auch *nigiri sushi* kaum gewürzt. Wie schimmernde Preziosen von minimalistischer Schönheit erscheinen diese Sushi-Häppchen, die sich erst in ganz Edo und dann im Rest Japans verbreiten.

Auch der Boom der Druckkultur trägt sicherlich zu der schnellen und genauen Weitergabe kulinarischer Techniken innerhalb Japans bei. Jeder kennt etwa die Farbholzschnitte, die aus dieser immensen Entwicklung des Buchdrucks während der Edo-Zeit hervorgegangen sind: Krieger und Damen in farbenfrohen, wie Wasser fließenden Kimonos; der Fuji, umfangen von duftigen Kirschblüten; verschneite japanische Dörfer; Einblicke in Teehäuser, deren Schiebetüren weit geöffnet in wundersame Gärten führen. Und natürlich Katsushika Hokusais Ikone *Die große Welle vor Kanagawa* (aus denselben Jahren wie das *nigiri sushi* stammend), deren Spitzen wie Vögel dem wilden Wasser entfliegen. Eben jener Hokusai illustriert auch das Kochbuch *Edo ryuko ryori-zu taizen*, Handbuch der eleganten Küche für die Genießer von Edo. Fische gleiten über die Seiten, wilde Pilze scheinen aus dem Papier zu wuchern, die üppigen Blätter eines Rettichs greifen nach den Schriftzeichen jenseits des Buchfalzes. Das Kochbuch als Gesamtkunstwerk.

Auch das Handwerk der Sushi-Herstellung wird weitergegeben und schließlich, als Japan sich 1853 gezwungenermaßen wieder öffnet, in die Welt gelassen. Dabei entsteht ein immer größerer Perfektionismus, der seinen Zenit offenbar bis heute noch nicht erreicht hat (das Ganze hat selbstredend nichts mit dem Fast-Food-Sushi zu tun, das in Schnellrestaurants auf einem kleinen ruckelnden Fließband an den Gästen vorbeifährt). Die Ausbildung zum Sushi-Meister zeugt von patriarchalischer Härte: Im ersten Jahr hat der Lehrling, still und unbeweglich wie ein Möbelstück, nur in einer Ecke zu sitzen, so weit vom Meister entfernt wie möglich, und zu beobachten. Zentimeter um Zentimeter wird er nun seinen Arbeitsplatz über die vielen folgenden Jahre dem Platz des Meisters annähern. Auf die Beobachtungsphase folgen ein paar Jahre, in denen der Lehrling die Messer schleift. Der Meister hat zehn Messer, dem ihm zuarbeitenden Schüler ist es immerhin gestattet, mit drei Messern zu arbeiten. Irgendwann kommt der große Tag, an dem der Lehrling zum ersten Mal den Reis anfassen darf; er wird diesen nun waschen und alle unperfekten Körner aussortieren. In diesem aufmunternden Tempo geht es weiter, und nach etwa fünfzehn Jahren kann der Aspirant ein recht annehmbares Sushi herstellen. »Du musst dich in deine Arbeit verlieben«, sagt der berühmteste Sushi-Meister der Gegenwart, Jiro Ono, einmal. Diese kompromisslose Perfektion, sie ist das Erbe des wohl produktivsten Dornröschenschlafes aller Zeiten.

Fish and chips, Vereinigtes Königreich
Großbritannien und Irland

Es blubbert und es spritzt. Siedendes Öl in mehreren
Tanks. Die heiße Gischt sprüht Fett in die Luft des engen Raums, es legt sich auf Haare und Kleider der War-
tenden. Der kleine Laden steht irgendwo in einer britischen Reihenhaussiedlung, schmale, gerade Straßen,
umstanden von Paraden roter Backsteinhäuschen. Hinter der rudimentären Theke werden jetzt Kartoffeln, in
längliche Stifte geschnitten, ins Öl gegeben, was das brodelnde Biest mit einem freudigen Zischen quittiert. Jetzt
der Fisch, einer mit festem weißen Fleisch wie Kabeljau
oder Schellfisch. Die Filets werden in einer flachen Schale
mit geübter Beiläufigkeit in einer flüssigen Masse aus
Milch, Eiern und Mehl gewälzt, dann landen sie ebenfalls im Öl. Der Duft nach heißem Backfisch drängt bis
nach draußen auf die verregnete Straße, wo noch mehr
Leute warten. Es ist Freitagabend, und Generationen hier
lebender Familien werden jahrzehntelang, jahrhunderte-

lang jeden *Fish Friday* hier stehen, um ihr traditionelles *takeaway* für ein paar Shilling zu erwerben.

Schnelle Hände breiten einen Bogen ausgelesenes Zeitungspapier aus, der heiße gebackene Fisch und die *Chips* werden ohne Getue dort aufgehäuft. Salz drüber, dann Malz-Essig, das die Kartoffeln bestäubt wie saures Parfum. »*Todays headlines, tomorrow's fish and chips wrappings*«, so sagt man im Vereinigten Königreich. Und ja, die Schlagzeilen verwischen, das Fett löst die Druckerschwärze auf, die Buchstaben schwimmen ineinander, verschwinden von ihrem papiernen Grund und hinterlassen hier und da schwarze Spuren auf der goldenen Panade. In den 1990ern wird das Verpacken in Zeitungspapier aus gesundheitlichen Gründen verboten, aber Nostalgiker behaupten bis heute, dass *fish and chips* so am allerbesten geschmeckt hätte. Überhaupt richtet sich auf dieses von schwarzer Farbe befleckte Gericht, das jeden Freitag auf den einfachen Esstischen Großbritanniens aus den knisternden Seiten der Boulevardzeitungen gehoben wird, eine tief verankerte Sentimentalität. Essen und Erinnerung, Nostalgie und Identifikation – das sind die Schlagworte, die bei dieser eher bescheidenen Speise und ihrer Geschichte eine große Rolle spielen.

Mehr und schnellere Handelswege, die Erfindung der Konserve, und natürlich die Industrialisierung, im Zuge derer Lebensmittel auf längeren Transporten gekühlt werden können: In der zweiten Hälfte des 19. Jahrhunderts ist der Mensch immer weniger auf saisonale und lokale Produkte angewiesen. Die Bandbreite verfügbarer Lebensmittel wächst, und zwar auch für weniger reiche Menschen. Die neue Vielfalt bringt Gerichte auf die Speisekarte, die ganz spezifisch für eine Kultur oder eine bestimmte Bevölkerungsgruppe stehen. Diese Gerichte können immer und immer wieder in großer Menge für diese Subkultur produziert werden. *Fish and chips* ist das Gericht der *working class*. Seine rasante Verbreitung im ganzen Land geht auf den florierenden innerbritischen Fischhandel und seine verbesserten Transportmöglichkeiten zurück, eine nationale Erfolgsgeschichte: Zu Beginn des 20. Jahrhunderts gibt es bereits etwa 25.000 Läden, meistens kleine Familienbetriebe, die einzig *fish and chips* herstellen und verkaufen. Das Rezept für die neue Leibspeise der britischen Arbeitenden verdankt sich jedoch wie so viele »National«-Gerichte dem kulturellen Austausch: Jüdische Einwanderinnen aus Portugal und Spanien bringen den Backfisch auf die Insel, die frittierten Kartoffelstäbchen wiederum verdanken die Briten den Französinnen oder den Belgiern. Wer genau die beiden Komponenten zusammenführt, lässt sich heute nicht mehr klären, doch in den 1860ern wird das Gericht bereits erfolgreich sowohl in den Arbeitervierteln Londons als auch oben im Norden in Lancashire verkauft. Die sauer-salzige Zugabe von Essig ist der wilde Atem des Atlantiks, den die Eisenbahn zusammen mit den Tonnen gut gekühlten Fischs über Nacht von der Küste in die Hauptstadt trägt. Sanft umarmt die Panade das Meerwesen in seinem Innern. Ein Biss in den gebackenen Fisch, und die in der lockeren Außenhülle aufgestaute heiße

Luft entweicht. Das weiße Fleisch zerfällt in weiche Bahnen duftenden Stoffs. Dazu die *chips*, deren herbes Fett man noch Stunden später auf den Lippen schmeckt.

Natürlich haben die Briten bereits ihre *Tea Time* als nationale Spezialität, die einem stolzen Königreich als identifikatorisches Mittel dient – mit der Teetasse in der Hand tragen sie ihren Ruf als gediegenstes Volk der Welt bis in die Kolonien. Doch auch wenn sich bald auch Dienstmädchen den imperialen Trunk leisten können, so entspringt das Ritual des *Afternoon Tea* doch der *Upper Class*, die über genügend Muße für derlei Gemütlichkeit verfügt. Welcher Fabrikarbeiter kann sich schon am Nachmittag zu Tee und Scones hinsetzen, die noch nicht einmal besonders sättigend sind? Der gebackene Fisch mit den knusprigen Kartoffeln aber, das ist ein ordentliches, wohlschmeckendes und billiges Essen, und es erobert sofort das Herz jener, die sich eines Tages gegen den Adel mit seinen erstarrten Riten und Konventionen, mit seinen hauchzarten Tassen und mürben Teegebäcken auflehnen werden.

Und so kommt es, dass während beider Weltkriege, in denen das britische Ernährungsministerium so gut wie alles rationiert – Eier, Zucker, Marmelade, Fleisch –, die Versorgung mit *fish and chips* niemals abbricht, trotz der massiv steigenden Fischpreise. Man fürchtet wohl im anderen Falle ernsthaft um die Moral des Volkes. Das Gericht wird mit speziellen Lieferwagen aufs Land zu den Evakuierten gekarrt, und sogar die Truppen in den Kriegsgebieten werden mit ihrem Lieblingsessen versorgt. Dort, auf den weiten Schlachtfeldern zwischen Schützengräben und Frontlinien, geschieht es auch, dass die *fish and chips* ihre Apotheose der nationalen Identitätsstiftung erfahren; das Gericht wird zum Lebensretter, und zwar nicht nur, weil es so sättigend ist. Britische Soldaten nutzen ihr Lieblingsessen als einen Code, der ihnen sagt, wer in der Fremde Freund ist: Entdeckt eine britische Einheit in der Ferne eine andere unbekannte Truppe, so hallt bald das Wort »*Fish!*« über das verwüstete Land. Eine kurze Stille, ein banges Lauschen, dann tönt es befreiend zurück: »*Chips!*«

Gerichte namens Bismarck, Deutsches Kaiserreich

Städte, die in schwindelerregender Geschwindigkeit wachsen, tempelartige Warenhäuser, Kolonialwarenläden, vom feinen Duft nach Kaffee und Schokolade durchzogen, preußische Militärbegeisterung und der alles überstrahlende Mythos der Reichsgründung: Wir befinden uns in der Blütezeit des Deutschen Kaiserreiches. Eine allseits verehrte Lichtgestalt dieser Ära ist Reichskanzler Otto von Bismarck, ein Schrank von einem Mann mit markantem Schnauzer und einem Hang zu ausgiebigen Mahlzeiten. Auf dem Höhepunkt des Bismarckkults wird, so die gängige Praxis moderner Heldenverehrung, alles Mögliche nach ihm benannt, ein Farbstoff, eine Inselgruppe in der Südsee, Seifen, Schiffe – und sehr viele Gerichte.

Die ungefragt mit dem Namen des Staatsmannes geadelten Speisen hängen wohl lose mit Bismarcks eigenen kulinarischen Vorlieben zusammen. Es eint sie eine gewisse für die Küche des 19. Jahrhunderts typische Furchtlosigkeit mit dem Umgang schwerer Zutaten (schließlich ist »Fett das Heizmaterial der Körpermaschine«, wie Hedwig Heyl in ihrem »ABC der Küche« von 1888 schreibt[25]) sowie eine aufrechte, irgendwie zutiefst deutsche Männlichkeit. Ein schönes Beispiel dafür ist die »Bismarck-Eiche«, eigentlich eine Biskuitroulade, die dank mit Kakao gefärbter Buttercreme und weiterer augentäuschender Zutaten wie Pistazien oder Sukkade die Gestalt einer mit Moos bewachsenen knorrigen Eiche annimmt, deren gefällter Stamm die Auslagen der Konditoreien schmückt. Des Weiteren ersinnt man die heute eher in der italienischen Küche bekannte Zubereitungsart »alla Bismarck«, die eigentlich nur die Praxis benennt, ein gebratenes Steak oder Filet mit Spiegeleiern zu garnieren. Deutlich aufwendiger kommen die »Seezungenfilets à la Bismarck« daher. Die Filets werden mit einer getrüffelten Fischfarce gefüllt, dazu gibt man Austern, Miesmuscheln und Krabbenschwänze, um abschließend die Kreaturen der Meere mit der federleichten Kombination aus Weißweinsauce und Sauce Hollandaise zu übergießen. Im kollektiven Gedächtnis ist aus dieser Auswahl an dem eisernen Kanzler huldigenden Kreationen lediglich der »Bismarckhering« hängen geblieben, der noch das desaströseste Saufgelage am nächsten Morgen wieder vergessen macht.

Das gesamte 19. Jahrhundert wimmelt von solchen kulinarischen Oden an siegreiche Regenten und Staatsmänner, man denke nur an das nach einer siegreichen

Schlacht Napoleons benannte *poulet marengo* und dann, sozusagen als in buttrigen Blätterteig gewickelter Gegenschlag, das dem Waterloo-Sieger gewidmete »Filet Wellington«. Beide Gerichte, genauso wie die Kreationen á la Bismarck, sind Gegenstand teils abstruser Anekdoten. Deren Wahrheitsgehalt ist durchaus nicht geklärt, sie sind also hervorragende Aufhänger für die preußische Kunst der plauderhaften Konversation, die Abend für Abend an adeligen und bürgerlichen Tafeln betrieben wird. So soll nach einer Legende das Filet Wellington zum ersten Mal direkt nach dem Sieg auf dem Schlachtfeld serviert worden sein, zubereitet aus dem Fleisch der Pferde, auf dem die Franzosen in ihr Unheil geritten waren. Man kann sich gut vorstellen, wie bei dieser Geschichte ein preußischer Offizier genussvoll einen Nachschlag des triumphalen Beefs verlangt.

Wenn man so will, ist die Benennung der Speisen nach politischen Idolen auch ein Akt der Aneignung, eine Inkorporierung gar: Indem man etwa die Bismarck'sche Seezunge zubereitet, anrichtet und schließlich verspeist, nähert man sich seinem Helden quasi auf Bauchhöhe. Um 1880 werden die nach Bismarck benannten Gerichte denn auch schriftlich fixiert und in die Kochbücher aufgenommen, die sich zunehmend ans Bürgertum richten und nicht mehr, wie zuvor, ausschließlich an den professionellen Koch bei Hofe. Ein besonders illustrer Meilenstein des Übergangs ist da das 1858 erstmals erschienene Kochbuch Johann Rottenhöfers, seines Zeichens Königlicher Haushofmeister am Wittelsbacher Hof in München, der sich mit seiner *Anweisung in der feinen Kochkunst* ausdrücklich an den höfischen Koch und die bürgerliche Hausfrau wendet. Wobei zu bezweifeln ist, ob seine irrwitzigen Patisserie-Rezepte, nach denen man theoretisch den kompletten Arc de Triomphe aus hartem Zuckerteig und gerösteten Mandeln bauen könnte, ihren Weg in die Küchen der Münchner Mietwohnungen finden.

Die bereits erwähnte Hedwig Heyl kommt da nicht ganz so exaltiert daher, wobei auch ihr Werk eine Flut handwerklich anspruchsvoller und durchaus opulenter Gerichte versammelt. Auf über achthundert Seiten wimmelt es von Pasteten, Wildgerichten, Meeresfrüchten und sogar Anweisungen, wie man Speiseeis herstellen kann, auch an Krankenspeisen ist gedacht (Rotweinsuppe, warme Cognacmilch und Püree vom Kalbshirn tun dem bettlägerigen Patienten besonders gut). Vor allen Dingen aber schickt sie ihrer Rezeptsammlung eine Einleitung voraus, die das Führen eines bürgerlichen Haushalts zu einem anspruchsvollen Beruf erhebt, in den auch die neuesten Errungenschaften von Wissenschaft und Technik einfließen. Hier behauptet die Küche des Bürgertums ein neues Selbstbewusstsein, die Grenzen zur adeligen Kochkunst verschwimmen allmählich. Und so, mit dem Bismarckhering zum Frühstück und einem Marengo-Hühnchen zum Abendbrot, nimmt man langsam, aber sicher dem Adel die Butter vom Brot.

1882
Hungerstreik, Russisches Zarenreich

Das Verhältnis des Menschen zur Nahrung ist höchst ambivalent. Essen und Trinken sind die einzigen Dinge, die der Körper zum Überleben braucht und gleichzeitig nicht eigenständig erledigen kann wie das Atmen oder das Schlagen des Herzens. Essen muss immer beschafft und zu sich genommen werden. Über Jahrtausende erfahren Menschen dies auf schmerzhafte Weise: wenn die Ernte verdorben ist, die Versorgungswege durch Krieg unterbrochen sind oder man schlichtweg zu arm ist, um sich Essen zu kaufen. Dem, der unfreiwillig hungert, wird Essen zum Angstgespenst, zum hoffnungslos Begehrten, zum bösen Schicksal.

Gleichzeitig, für die Glücklicheren, ist Essen Genuss, körperliche Befriedigung und Leidenschaft. Essen macht satt, komplettiert den Körper. Es beschwört Erinnerungen herauf und stiftet Gemeinschaft. Es ist aber auch Sünde und Verführung – wer Zugang zu Essen hat und es dennoch für sich reglementiert, beweist Selbstdisziplin. Wer einen Schritt weiter geht und aus freien Stücken hungert, seinen Körper komplett abgrenzt von jedwedem Lebensmittel, der tut etwas Radikales, das krankhaft sein kann, aber auch politisch: »Wir sind die letzte Generation, die die Katastrophe des unumkehrbaren Klimazusammenbruchs noch aufhalten kann. Deshalb treten wir in den unbefristeten Hungerstreik.« So lässt es die Gruppe »Die letzte Generation« 2021 verlautbaren. Die öffentlich erklärte Verweigerung von Nahrung, das bewusste Nicht-Essen wird zum Kampfmittel politischen Aktivismus.

Der erste Hungerstreik, der auf Missstände aufmerksam machen und diese beseitigt wissen will, spielt sich im sibirischen Gefängnis ab. Es ist das Jahr 1882: Mehrere politische Gefangene werden unter derart unwürdigen Bedingungen in winzige Zellen gesperrt, dass sie in den *golodofka* eintreten; der US-amerikanische Forschungsreisende George Kennan übersetzt den russischen Begriff mit *hunger strike*, damit ist das Wort in der Welt. Kennan besucht die hungerstreikenden Insassen auf deren Wunsch hin. Er schreibt international viel beachtete Reportagen und Bücher über seine Reisen durch Russland und interessiert sich dabei besonders für die hiesigen Gefangenenlager – das perfekte Sprachrohr also, ohne dass ein solcher Protest kaum funktionieren kann. »Was ich nicht begreifen kann, ist, warum die Regierung die Gefangenen, die sie doch sonst in der rücksichtslosesten Weise behandelt, nicht ruhig sterben läßt und sich derart ihrer entledigt. So oft noch die politischen Gefangenen zu dem Mittel des Hungerstreiks gegriffen haben und dabei entschlossen verblieben sind, hat die Regierung nachgegeben. Es ist das einer der vielen Widersprüche, an der die russische Rechtspflege so reich ist. ... Sie will nicht, daß die politischen Gefangenen durch freiwilliges Hungern zu Grunde gehen, scheut aber nicht im Geringsten davor zurück, sie hinter den Kerkermauern der Schlüsselburg langsam verderben zu lassen«, schreibt Kennan in seinen Aufzeichnungen nieder.[26] Er benennt damit die Achillesferse, jenen wunden Punkt, den ein jeder Hungerstreik trifft: Freiwilliges Hungern wird nur dann zum wirksamen Protest, wenn derjenige, gegen den die Aktion sich richtet, für die Versorgung dessen, der hungert, verantwortlich ist.

Denn der Blick auf den Hunger wandelt sich um 1900 radikal: Die Ära der Industrialisierung hat dank ihrer Innovationen das Problem des Hungers, zumindest in der Theorie, in weiten Teilen der Welt gelöst. Bislang wurde Hunger in der Regel als göttliche Strafe gedeutet oder auch als Versagen individueller Personen. Das ändert sich nun, Hunger wird zu einem gesellschaftlichen Thema. Ab jetzt ist der Hunger armer Nationen ein humanitäres Problem – und in den Industrieländern ist von nun an der Staat dafür zuständig, die Versorgung seiner Bürger zu gewährleisten. Deshalb funktioniert der Hungerstreik nur in den Ländern, dessen Einwohner in der Regel nicht hungern müssen – oder in Ländern, siehe Indien zu Gandhis Zeiten, die zum Beispiel von einer reichen Weltmacht kolonisiert sind. Damit ist das Essen politisiert. Jede Aktivistin, die ihr Essen verweigert, stellt für den Staat ein Dilemma dar. Er kann seine Bürger nicht einfach verhungern lassen. Die Zwangsernährung mittels einer Nasensonde ist die erste wenig empathische Lösung dieses Problems, die bis in die 1970er Jahre praktiziert, aber dann verboten wird, da sie grausam und unmenschlich ist. Dazu kommt noch eine andere Komponente: In Ländern, in denen man in gutem Essen schwelgt, aus meterlangen Regalen voller Delikatessen wählen kann und gern Zeit in hervorragenden Restaurants verbringt, ist der freiwillige Verzicht auf Essen etwas, das vielen ungläubige Bewunderung abringt. Nicht zu essen wird zum Martyrium. Und politische Märtyrer bedeuten für Staatenlenker immer riesengroßen Ärger.

Die Suffragetten des frühen 20. Jahrhunderts, die im Laufe ihres Kampfes für die Frauenrechte regelmäßig festgenommen werden, sind die Nächsten, die sich die Praxis der zaristischen Gefangenen zunutze machen und sich auch öffentlich auf sie berufen. Die schottische Schriftstellerin und Künstlerin Marion Wallace Dunlop ist die Erste: Nach einundneunzig Stunden Hungerstreik wird sie vorzeitig aus der Haft entlassen. Der Hungerstreik der Frauenrechtlerinnen entfaltet eine explosive Wirkung. Vor allen Dingen die schrecklichen Schilderungen der Zwangsernährung, welche die Frauen erdulden müssen, bringen ihnen international Sympathie und Mitgefühl. Und: Die Vorstellung, dass bürgerliche teetrinkende Ladies in den britischen Gefängnissen verhungern könnten, erscheint der Öffentlichkeit derart skandalös, so unvereinbar mit all den modernen humanistischen Werten, die man sich angeeignet hat, dass die Regierung immer wieder den Aktivistinnen nachgeben und sie freilassen muss. Dann sind es die Mitglieder der IRA, welche die Nahrungsaufnahme verweigern – nach anfänglicher Sorge, der Hungerstreik könnte eine zu weibliche Form des Widerstands sein: Der ausgemergelte, gemarterte Körper erscheint ihnen zunächst zu eng mit den Suffragetten verknüpft. Allerdings finden die irischen Nationalisten bald ihren eigenen Zugang: Fastende Märtyrer und leidende Körper sind schließlich auch zutiefst katholische Themen.

Die indischen Revolutionäre Bhagat Singh und Jatindra Nath Das wiederum berufen sich mit ihren Hungerstreiks auf die erfolgreichen Aktionen der IRA – die politisch motivierte Verweigerung von Essen ist zum globalen Phänomen geworden. Mahatma »der Unbequeme« Ghandi versteht seine zahlreichen Hungerstreiks als Teil des von ihm praktizierten Lebenskonzeptes *satyagraha*, bei dem es um Wahrheitssuche und Gewaltlosigkeit geht. Ghandis Verzicht auf Essen hat viele Facetten. Neben den großen Hungeraktionen übt er sich auch sonst in strenger Askese, nimmt fast nur rohe, ungewürzte Speisen zu sich. Er blendet damit den verführerischen, wohlschmeckenden Aspekt von Essen völlig aus, den Geschmack, dem man sich ausliefert, von dem man mehr will. Dadurch, dass Ghandi sich dieser Form von Genuss verschließt, übernimmt er die Herrschaft über sich selbst, was ausdrücklich auch politisch gemeint ist. Widerstand bedeutet hier wirklich: Widerstehen.

1883
Rumänischer Kaviar und
Rinderfilet *à la jardinière*,
zwischen Paris und Konstantinopel

Es ist Nacht, die Gäste liegen in ihren weichen Betten, fest eingewickelt in seidene Bettlaken. Ein schwacher Duft nach Politur und Leder liegt in der Luft. Flüchtiges Licht fällt in eines der Zimmer, flackert kurz über die Gobelins an den Wänden, beleuchtet einen Sessel, der mit Genueser Samt bezogen ist. Eine lange Spur zeigt, wo der weiche Stoff gegen den Strich gestreichelt wurde, von den Händen jener staunenden Passagiere, die zum ersten Mal hier reisen. Manch einer liegt wach in seinem Bett und horcht auf das monotone Rattern und Schnaufen, spürt den schwachen, gleichmäßigen Stoß der Schienen. Der Orient-Express begeht seine Jungfernfahrt. Von Paris nach Konstantinopel, das vielen westlichen Reisenden als Eintritt in einen orientalistischen Traum gilt (der letzte Abschnitt der Route muss allerdings per Fähre und

Umstieg in einen anderen Zug absolviert werden, noch ist die Strecke nicht fertig ausgebaut).

Der Gong ruft zum *diner*. Hinter den Reisenden liegt ein angenehmer Tag, gefüllt mit ausgiebigen Mahlzeiten, Plaudereien beim Tee, Zeitungslektüre in der Bibliothek und gemütlichem Rauchen in der Zurückgezogenheit des eigenen Abteils. Das Abendessen ist ein weiterer Höhepunkt des Tages. Vierarmige Gasleuchter hängen von der mit kostbaren tropischen Hölzern verkleideten Decke. Auf den Tischen liegen Tücher aus dickem weißen Stoff, darauf silbernes Besteck, Porzellan mit goldenen Rändern und geschliffene Kristallgläser. Alles massiv und schwer, um bei einem plötzlichen Ruckeln nicht vom Tisch zu stürzen. Auf der Jungfernfahrt wird ein zehngängiges Menü serviert, doch auch danach nimmt man Platz mit der verlockenden Aussicht auf ein mehrgängiges kulinarisches Erlebnis. Die *Compagnie Internationale des Wagons-Lits*, die den Orient-Express betreibt, formuliert sehr klare Regeln, nach denen die Speisen präsentiert und serviert werden müssen: Die *hors d'œuvres* sollen nicht früher als eine Viertelstunde, bevor man sie aufträgt, angerichtet werden, damit sie ihr appetitliches Aussehen nicht verlieren. Ein Fisch muss immer im Ganzen an den Tisch gebracht werden. Beim Anrichten des großen Fleischstückes soll auch das zuvor abgetrennte Reststück dazugelegt werden, damit das Gericht »ein reicheres Aussehen« hat. Zum *diner* haben die Kellner blauen Frack und weiße Handschuhe zu tragen. Das Essen ist Teil einer sorgfältig ausgearbeiteten Inszenierung,

die das Schaukeln auf den Schienen sanft in den Hintergrund treten lässt.

Prunkvoll ausgestattete Ozeandampfer, luxuriöse
Züge: Man reist im 19. Jahrhundert nicht nur schneller als jemals zuvor, sondern auch unerhört elegant.
Der größte Erzähler dieser komfortablen *Science Fiction* ist sicherlich Jules Verne. Seine *Voyages Extraordinaires* stammen aus derselben großgedachten Welt wie
der Orient-Express. Bei ihm rasen drei Gentlemen (und
zwei Hunde) in einem Projektil zum Mond, das sich als
gemütliches Zimmer erweist, mit gepolsterten Wänden,
umlaufendem Sofa und einem Gaskocher, über dessen
Flamme die mitgebrachte Fleischbrühe erwärmt wird.
Dazu ein paar Gläschen besten französischen Weins,
während man die Aussicht auf die fremdartige Landschaft des Mondes genießt. Den größten Ausstattungswahn findet man allerdings 20.000 Meilen unter dem
Meer in der *Nautilus*, einem U-Boot, das eher einem
tauchenden Herrenhaus ähnelt. Diniert wird in einem
Speisesaal, der sich mit seinen Anrichten aus massiver Eiche, den Fayencen, Seidentapeten und Gemälden
sowie der mit feinem Porzellan und Silberbesteck gedeckten Tafel auch in einer Pariser Stadtvilla befinden
könnte (zum Essen gibt es Filet von der Meeresschildkröte und Delphinleber, der Hausherr erlegt das »Wasserwild« eigenhändig auf seinen Tauchgängen mit der
Harpune). In der Bibliothek mit ihren Bücherschränken
aus kupferbeschlagenem Palisanderholz beobachten Kapitän Nemo und seine Gäste durch ein Panoramafenster

mit hübsch drapierten Vorhängen einen unheimlichen Riesenkalmar.

Zurück in die Realität, die doch genauso gut eine märchenhafte Abenteuergeschichte sein könnte: Im Orient-Express wird nun serviert, was die gut betuchten Gäste bereits aus den besten europäischen Restaurants kennen. Die Speisen fungieren hier auch als Marker für einen bestimmten gehobenen Lebensstil. Es gibt Austern, *foie gras* und Hummer. Als Hauptgang wird ein Rinderfilet *à la jardinière* aufgetragen. Die weiß gewandeten Hände der Kellner präsentieren die Platten mit dem zarten Fleisch, das in dem kohlebefeuerten Ofen der Bordküche auf den Punkt nachgegart wurde. Dazu die bunte Gemüsegarnitur, alles in akkurate Stifte geschnitten und kunstvoll angeordnet. Doch es werden durchaus auch kulinarische Zugeständnisse an die fremde Umgebung gemacht, die dort hinter den Fenstern an den Gästen vorbeizieht. Auf der Jungfernfahrt wird zu jedem Land, das der Orient-Express durchfährt, eine passende Köstlichkeit aufgetischt: Stör aus der Donau, rumänischer Kaviar, und als man die Türkei erreicht, dampft ein fein nach Kreuzkümmel duftendes Pilaw in den Schüsseln. Auf diese Weise kann die zuweilen gefährlich wirkende Fremde da draußen mundgerecht konsumiert werden – vor Antritt der Reise wurde den Passagieren immerhin angeraten, eine Waffe bei sich zu tragen, da jenseits der österreichisch-ungarischen Grenze Zugüberfälle nicht ausgeschlossen werden können. Doch dieser wilde Osten bleibt auf Distanz, man rast mit dem Teufelstempo von sechzig Meilen in der Stunde durchs Land, eingemummelt im eleganten Eisenbahn-Kokon.

Niemals zuvor hat der Mensch so viele technologische Neuerungen, so viele Veränderungen seines Alltags verkraften müssen wie in der zweiten Hälfte des 19. Jahrhunderts. Die Heimeligkeit, die hier in diesem absolut neuartigen Zug durch schöne Dinge und gutes Essen evoziert wird, wirkt wie Teil einer Strategie zur Beruhigung. Das vertraute Ambiente verhüllt die entfesselte Technik, dem Ganzen wohnt ein sedierender Zauber aus Rosenholz und Damastservietten inne. Essen zur Beruhigung lässt auch an die Mondfahrer denken, die sich knapp hundert Jahre später tatsächlich auf den Weg ins Weltall machen und sich vor allen Dingen wünschen, dass sie in ihren Plastikbeuteln mit der dehydrierten Astronautennahrung solch vertraute Gerichte wie Hühnersuppe und Spaghetti mit Hackfleischsauce vorfinden, als mentalen Halt in der Schwerelosigkeit.

Doch der Komfort und die exquisiten Menüs des Orient-Express' sind nicht nur pure Nostalgie, auch wenn es uns aus heutiger Sicht so erscheint. Ähnlich wie in der *Nautilus* mit dem Riesenkalmar hinterm Panoramafenster sowie einem bootseigenen Muschelmuseum, in dem die unheimliche Welt da draußen hübsch und unschädlich gemacht in den Vitrinen glänzt, markiert der Orient-Express vielmehr eine triumphale Eroberergeste, den Sieg der zivilisierten Eleganz, die absolute Überlegenheit des modernen Menschen. Bekanntermaßen erfährt dieser Mix aus visionärer Innovation und exzessiver Ausstaffierung einen albtraumhaften Dämpfer in Form der *Titanic*, jenem menschlicher Hybris entsprungenen Superschiff, dessen wohliger Teppich der schönen Dinge jäh von einem Eisberg brutal zerschnitten wird, bevor die Szenerie in einen endzeithaften Untergang umschlägt. Kurz davor hat man noch Austern, *foie gras* und ein zartes Lendenstück vom Rind verspeist.

Pastrami-Sandwich, USA

Es gibt diese Erzählung von Roald Dahl, sie trägt den Titel »*Pig*«: Ein Junge, geboren in New York City, verliert als Säugling seine Eltern, weshalb ihn eine alte, recht exzentrische Tante in ihre Obhut nimmt. Diese Tante führt ein Einsiedlerleben in einem Häuschen am Fuße der Blue Ridge Mountains. Sie ist strenge Vegetarierin und schildert dem Jungen in glühenden Worten, wie ekelhaft Fleisch schmecken würde. Der heranwachsende Junge entwickelt sich zu einem brillanten, visionären vegetarischen Koch. Als Zehnjähriger bringt er Kastaniensoufflé, Maiskotelett, Löwenzahnomelett und brennende Tannennadeltorte auf den Tisch. Als er siebzehn Jahre alt ist, stirbt die Tante unerwartet. Der weltfremde Junge muss in die Stadt reisen. Dort kehrt er in einem kleinen Restaurant irgendwo in Manhattan ein. Man serviert ihm das Einzige, was die schmuddelige Küche noch vorrätig hat: Schweinebraten mit Kohl. Nach dem ersten Bissen ist der Jüngling völlig aufgelöst: Dies ist das Beste, was er jemals gekostet hat! Der Kellner führt unseren Helden zum Koch. Auf die Frage, was er dort eben gegessen habe, erklärt dieser listig, dass es wohl Schwein gewesen sei – so genau könne man das aber nicht sagen, denn das Fleisch werde immer direkt vom Schlachthof geliefert. Der Junge könne diesen gern besuchen, er sei offen für Besichtigungen. Kurz darauf steht der Junge also im Hof eines riesigen Backsteingebäudes, ein schwerer, süßer Geruch liegt in der Luft. Er sieht zu, wie den Schweinen eine Kette ums Bein gebunden wird, woraufhin die Tiere von einem fahrenden Kabel hochgezogen werden und seinen Blicken entschweben. Und dann wird dem Jungen selbst eine Kette ums Fußgelenk geschwungen, die Maschinerie hebt ihn an. Panisch schreiend gleitet er, an das fahrende Band gekettet, immer weiter hoch, bis er direkt auf den Schlächter zufährt. Der begrüßt den Jungen freundlich, bevor er ihm mit einem Messer die Halsschlagader durchschneidet. Die Geschichte endet mit dem Anblick des gigantischen Kessels voller siedendem Wasser, in den das ausblutende Schlachtvieh getaucht wird.

Dahls Erzählung lässt einen zunächst ob der absurden Brutalität etwas ratlos zurück. Doch sie benennt einige Punkte, mit denen sich eine fleischkonsumierende Gesellschaft immer wieder konfrontiert sieht (zumindest, wenn sie einer kritischen Auseinandersetzung aufgeschlossen ist). Zunächst einmal – das Fleisch, das vom Schlachthof kommt, was genau ist das eigentlich? Es muss ja nicht gleich Menschenfleisch sein, aber das, was wir im Supermarkt der Kühltheke entnehmen, dieses reinlich in Zellophan gehüllte blassrosa marmorierte Rechteck, ist visuell und emotional von dem Lebewesen losgelöst, das hierfür getötet wurde. »Unheimlich ist nicht der Tod, sondern dessen Unsichtbarwerden in der Fabrik«, schreibt Christian Kassung.[27] Der Moment, in dem das Tier zu Fleisch wird, bleibt den meisten Menschen ein blinder Fleck.

Die rasant wachsenden Bevölkerungszahlen im 19. Jahrhundert lassen den Fleischkonsum explodieren. Überall schießen monströse Fabriken aus dem Boden, in die sich ganze Heerscharen von Arbeitern schleppen; man ist dieser Tage fest davon überzeugt, dass der Fabrikarbeiter, gleich einer mit Treibstoff gefütterten Maschine, viel Fleisch essen muss, um ordentlich zu funktionieren. Man braucht also noch mehr Fleisch, billiges Fleisch, das weiterverarbeitet wird für Konserven, Brühwürfel, Fleischextrakte – so viel Eiweiß und Fett wie möglich in kleine Formen gepresst, für Menschen, die keine Zeit zum Kochen haben. Es ist der Beginn der massenhaften Viehzucht, der riesigen Schlachthöfe und der industriellen Fleischverarbeitung. Das alles hat zunächst katastrophale Folgen für das Wohl der Tiere. Es ist daher auch die Geburtsstunde des organisierten Tierschutzes. England ist hier Vorreiter und verabschiedet 1822 das erste Tierschutzgesetz, es soll Pferde, Schafe und Großvieh vor Misshandlung bewahren. In dieser Zeit werden zunehmend Vereine gegründet, die sich gegen die Quälerei von Tieren engagieren. Zum ersten Mal denkt der Mensch der neuen industrialisierten Welt darüber nach, dass er für das, was er isst, auch eine Verantwortung trägt.

Für einige Gemeinschaften ist das keine neue Idee. Die in den jahrtausendealten Traditionen des Judentums verankerte Praxis des Schächtens etwa kreist neben den Aspekten der Hygiene auch um den Respekt für das Tier. Die *schechita* ist die einzige Methode, mit der im Judentum ein Tier getötet werden darf: mit einem einzigen Schnitt, der ohne Absetzen die Luft- und Speiseröhre durchtrennt, sodass beim Tier eine sofortige Bewusstlosigkeit eintritt. Das hierzu verwendete Messer muss perfekt geschliffen sein, und der Schlächter, der sogenannte *schochet*, muss zuvor eine rabbinische Ausbildung erhalten haben. So schlachten Juden bereits in den vielen Jahrhunderten, in denen Tiere einfach irgendwie erschlagen, gesteinigt, erstochen oder ertränkt werden. Auch um 1900, als es theoretisch längst Gesetz ist, dass etwa Schweine vor ihrer Schlachtung betäubt werden müssen, geschieht dies längst nicht immer. Der Versuch, das massenhafte Schlachten mit einem Apparat zu erleichtern, der eine sofortige und schmerzfreie Betäubung gewährleistet, ist zu diesem Zeitpunkt noch lange nicht geglückt, sodass auf den großen Schlachthöfen doch immer wieder zur Keule gegriffen wird, mit der allerdings nicht jeder Schlächter wirklich gut umgehen kann. (Die schnellstmögliche Betäubung des Tieres ist der neuralgische Punkt, um den die Debatten um respektvolles Schlachten immer wieder kreisen. Das Schächten ist in unserer Gegenwart bis auf einige Ausnahmefälle verboten, da hier eben auf eine vorherige Betäubung verzichtet wird. Um 1900 allerdings ist die technische Lage eine komplett andere.)

Kehren wir zurück nach New York: Zur Jahrhundertwende sind knapp dreißig Prozent aller Bewohner der Metropole jüdisch. Etwa die Hälfte aller hier angesiedelten Fleischereien werden von Juden betrieben. In der Lower East Side drängen sich die jüdischen Buchläden neben den koscheren Bäckereien und Restaurants. Und in bis heute bestehenden Familienbetrieben wie zum Beispiel *Katz's Delicatessen* wird eine bewusste Fleischkultur gelebt; koscher bedeutet eben auch, dass das Fleisch besonders vielen Prüfungen standhalten muss. So werden die Pastramischeiben andächtig aus der Brust oder der Schulter vom rituell geschlachteten Rind geschnitten. Das Stück wurde vorher in einer Lake gepökelt, die scharf und pfeffrig ist, dazu kommen solch intensiv herben Gewürze wie Muskat und Nelke. Danach wird es geräuchert. Die roten, hauchdünnen Scheiben präsentieren sich wie filigraner Stoff auf den Tellern. Doch auch der klassische Sonntagsbraten nichtjüdischer Familien, zum Beispiel in der fernen Metropole Berlin, steht für eine völlig andere Form des Fleischessens als der Verzehr der konzentrierten Extrakte aus dem Massenviehbetrieb. Der Braten am einzigen freien Tag der Woche wird mit Sorgfalt und Mühe zubereitet, für ihn kauft man ein besonderes Stück beim Metzger.

Und so trennt sich bereits in der Geburtsstunde der industrialisierten Schlachthöfe das Konsumieren minderwertigen Fleischs von einer bedachtsameren Haltung zum Produkt. Doch die Tatsache, dass für dieses Produkt ein Lebewesen getötet wurde, die bleibt – und hüllt sich gleichzeitig immer wieder in sanftes Vergessen. Die ewige Polarität fleischessender Gesellschaften.

UM 1900

Kleiner Schwarzer,
Österreichisch-Ungarische Monarchie

In Wien wird der Kaffee gekocht, nicht gebrüht. Im Kaffeehaus röstet man ihn selbst, jeder Kaffeesieder hat seine eigene geheime Mischung. Fein gemahlen wie dunkler Staub schüttet man ihn ins brodelnde Wasser, lässt ihn aufkochen, während sein Duft sich ausbreitet. Der heiße Kaffee wird in Porzellankannen gegossen. Die weißen Kännchen drängen sich im dampfenden Wasserbad, bis ihr Einsatz kommt. Der Ober schreitet zum Gast, eben ist er eingetroffen und nimmt an einem der runden Marmortische Platz. Ein paar Artigkeiten des Obers, der wie eine Mischung aus Butler und Hausherr den Gast würdevoll begrüßt, seine schwarze Fliege hebt sich scherenschnittgleich von dem weißen gestärkten Hemd ab. Dann präsentiert er eine Farbpalette, auf die alle Schattierungen Braun gemalt sind. Von einem fast durchscheinenden Beige, über einen warmen Karamellton, dann mehrere Nuancen Nuss, am Ende der Palette leuchtet ein tiefes unergründliches Schwarz. Der Gast weist auf die gewünschte Farbe, der Ober entfernt sich. Sein Piccolo bringt den dampfenden Trunk in dem gewünschten Mischverhältnis von Kaffee und Milch, Zucker kommt extra, die Porzellantasse thront auf einem zierlichen silbernen Tablett. Daneben ein Glas mit dem klaren Wiener Hochquellwasser. Danach wird der Gast in Ruhe gelassen. Zufrieden versinkt er hinter einem raschelnden Wall aus Zeitungspapier, der sich zwischen die anderen Gäste und seine frei schweifenden Gedanken schiebt.

»Im Kaffeehaus sitzen Leute, die allein sein wollen, aber dazu Gesellschaft brauchen«, schreibt Alfred Polgar.[28] Das Wiener Kaffeehaus als Kondensat moderner Existenz: Ein Streben nach Vereinzelung und Individualität, während die Menschenmenge um einen herum beständig dichter wird. Der Kaffee stiftet die Gemeinschaft der Einzelgänger. Gegessen wird auch im Kaffeehaus, aber nicht in der Art des geselligen großen Mahls. Es gibt Kleinigkeiten, einen Imbiss; Würstel oder zwei Eier im Glas, in die man einen kleinen Löffel stößt, innen sind sie buttrig weich und zerfließen. Salzstangerl, Weckerl, Brioche oder Butterkipferl, die man gut mit einer Hand wegkrümeln kann, während die andere die unhandliche Stangenkonstruktion hält, in der die Zeitung klemmt – in Torten und süßen Mehlspeisen schwelgt man Ende des 19. Jahrhunderts in der Konditorei, im Kaffeehaus fließt der Kaffee wie die Zeit und das Dasein.

Der Kaffee schwappt bereits im 17. Jahrhundert aus der Türkei nach Österreich – seit der Mitte des 15. Jahrhunderts trinkt man ihn auf der arabischen Halbinsel, kurz darauf bereits im Osmanischen Reich. Drei Dinge sind es dann, die das Wiener Kaffeehaus zu einer Institution machen, die ihre größte Zeit im *fin de siècle* erlebt: erstens das Billardspiel, zu Beginn in Form wuchtiger Spieltische, die am Boden festgeschraubt sind und ein Glöckchen erklingen lassen, wenn die Kugel ins Loch fällt. Zweitens: In Wien wird der Kaffee, anders als der starke türkische Mokka, gekocht, vom Kaffeesatz befreit und mit Milch und Zucker vermischt. In der Umarmung mit der süßen Milde liegt etwas Verschnörkeltes, Fröhliches, was den Wienern deutlich besser schmeckt. Die wichtigste Idee, das wirkliche Erfolgsrezept sind jedoch, drittens, die druckfrischen internationalen Zeitungen, die großzügig im Kaffeehaus ausgelegt werden. Sie belagern Stühle, Tische und Garderobenständer wie schläfrige papierne Katzen. Stundenlang sitzen die Gäste über ihren Zeitungen, ihre Tasse Kaffee zwischen den von Druckerschwärze grauen Fingern, und verlieren sich stumm und unbeweglich in all den Nachrichten und Geschichten, die irgendwo da draußen geschehen. Doch auch hier drinnen spielen sich Innovationen ab, wie etwa die Geburtsstunde des Industriedesigns: Die Gebrüder Thonet erfinden den Stuhl Nr. 14, die Rückenlehne ist aus zwei anmutig geschwungenen Bögen zusammengesetzt, möglich durch die neue Bugholzmethode. Der Inbegriff des zierlichen Bistrostuhls wandert bald in jedes Kaffeehaus. Er lässt sich in sechs Teile zerlegen, platzsparend verschicken und überall wieder montieren. Massenhaft produziert gerät er so in Pariser Bistros oder auch in all die Kaffeehäuser, die nach dem Wiener Vorbild in der gesamten K.u.k.-Monarchie entstehen. So findet man sich in jedem ungarischen Städtchen in einem mit Thonetstühlen und Marmortischen bevölkerten Wiener Kaffeehaus wieder – von Kaffeeduft durchwehte Schaukästen, in die man eintritt wie in eine andere Welt, vielleicht durch einen der riesigen Spiegel mit goldenen Rokoko-Schnörkeln, um sich ein paar Stunden lang vorzustellen, dass jenseits der holzgetäfelten Außenwand elegante Fiaker über die Ringstraße rasseln. Der Tassenrand als Horizont, hinter dem die Imagination beginnt.

Der Stuhl Nr. 14 ist ein Stuhl zum flüchtigen Nippen an der Melange, nicht zum ausgiebigen Speisen. Er ist leicht und beweglich, kann rasch gegriffen und von Tisch zu Tisch befördert werden: Das Kaffeehaus ist ständig in Bewegung. Im Wien des 19. Jahrhunderts bestellt man als Kaufmann Geschäftsfreunde und Kollegen in »sein« Kaffeehaus, eine Unterredung im Kontor gilt dagegen als protzig. Vor allem aber ist es die Bohème, die sich hier ihre eigene Welt schafft, diskutiert, streitet, beobachtet. Der Wiener Kaffeehausliterat gehört in jedes Inventar, zur Jahrhundertwende schreiben große Namen an den Marmorplatten: Karl Kraus, Hermann Bahr, Arthur Schnitzler, Hugo von Hofmannsthal, Franz Werfel, Joseph Roth, Robert Musil, Egon Friedell. Ein kleiner Schwarzer reicht als Eintrittskarte, um den ganzen Tag hier zu verbringen. Ihre Literatur ist häufig geprägt vom unruhigen Rhythmus der sich beständig öffnenden

Türen, den umherlaufenden Gästen, den Gesprächen, dem Kommen und Gehen fremder und vertrauter Menschen, den »Herr Ober!«-Rufen. Der Dichter Peter Altenberg, der das prachtvolle *Café Central* im 1. Bezirk auf seiner Visitenkarte als Wohnort angibt, überträgt diese Kulisse der flüchtigen Bilder in seinen telegrammhaften Stil: »Grammophonplatte. Deutsche Grammophonaktiengesellschaft. CC2-42 531. Die Forelle von Schubert. In Musik umgesetztes Gebirgswässerlein, kristallklar zwischen Felsen und Fichten murmelnd. Die Forelle, ein entzückendes Raubtier, hellgrau, rot punktiert, auf Beute lauernd, stehend, fließend, vorschießend, hinab, hinauf, verschwindend. Anmutige Mordgier!«[29]

Und so erhebt man sich irgendwann schwer von seinem Stühlchen. Der Ober übernimmt die Verabschiedung. Am Ausgang wartet die Sitzkassiererin, verschanzt hinter ihrer laut rasselnden Kasse (bis Mitte des 19. Jahrhunderts ist sie die einzige Frau im Kaffeehaus). Streng rechnet sie die wenigen Münzen für den kleinen Schwarzen ab, danach ein Stolpern in die Welt. Aber bald ist ja Abend, da kann man schon wieder einkehren.

1917

Steckrübenmarmelade, Deutsches Kaiserreich

Der Erste Weltkrieg. Die erste brutale Zäsur im 20. Jahrhundert. Das Jahr 1917 führt den Deutschen einen Gegensatz vor Augen, der heftiger nicht sein könnte: Auf der einen Seite befinden sie sich in einer völlig neuen Art von Krieg, einem Krieg der Zukunft, der sich neueste militärische, vor allen Dingen aber kommunikative Technologien zunutze macht. Befehle werden jetzt per Telefon von Kommandanten gegeben, die fernab der Front über den Marschplänen sitzen und wiederum Nachrichten auf allen möglichen Kanälen empfangen, sie kommen per Feldtelefon, Funk oder Telegraf. »Vorsicht, Feind hört mit!« steht auf jedem Fernsprecher und erinnert ständig an die schwer greifbare, dafür aber umso unheimlichere Bedrohung durch eine telekommunikative Überwachung. Wir befinden uns mitten im ersten modernen Medienkrieg.

Auf der anderen Seite zeigt das Jahr 1917 aber noch etwas ganz anderes: dass nämlich der Mensch wie seit Beginn seiner Zeit ohne eine ausreichende Versorgung nicht existieren und dass diese Versorgung schneller, als man denkt, wegbrechen kann – durch falsche Entscheidungen, Pech mit dem Wetter oder auch ein undurchschaubares Verwaltungschaos – und man sich dann ganz plötzlich auf einem Niveau wiederfindet, das man eigentlich mit der Industrialisierung überwunden zu haben glaubte.

Folgendes geschieht: Das deutsche Kaiserreich taumelt voller Euphorie in einen apokalyptischen Krieg, ohne über irgendwelche nennenswerten Vorräte zu verfügen. Bis zum Ausbruch des Krieges füttern die Deutschen ihre reichlich vorhandenen Schweine mit Gerste, die aus Russland bezogen werden muss, das nun zum Kriegsgegner wird. Da die Schweine bald nicht mehr genug Futter haben und auch andere Vorräte zur Neige gehen, rechnet das Kaiserliche Statistische Amt aus, dass es besser wäre, um die fünf Millionen Schweine zu schlachten und das Fleisch in Konservendosen einzulegen (die Zahlen der Statistiker ergeben sich auch aus den teilweise falschen Angaben der Bauern, die aus Angst, ihre Kartoffeln ans Vaterland hergeben zu müssen, ihre Bestände geringer beziffern). Doch da alles Metall für die Rüstungsindustrie gebraucht wird, gibt es nur Dosen aus minderwertigem Material. Ein Großteil des Fleischvorrats vergammelt, frisches Schlachtvieh ist nach der Massenschlachtung Mangelware. Dann fehlt es an Dünger für die Kartoffeln; dieser wird sonst aus Chile importiert, kommt aber nicht durch die Britische Seeblockade. Im Herbst 1916 will es dann auch noch nicht aufhören zu regnen. Die wenigen Kartoffeln verfaulen in der nassen Erde. Um dem System den Rest zu geben, sorgt ein völlig unbeweglicher Verwaltungsapparat dafür, dass die wenigen Vorräte, die man aus verbündeten und besetzten Ländern erhält, nur punktuell verteilt werden.

Am Ende bleibt in der Heimat nur ein Produkt übrig, das im Anbau anspruchslos ist, im gesamten Land wächst und daher jedem zur Verfügung steht. Es ist vitaminreich, wenn auch leider kalorienarm. Es ist ein Lebensmittel, das als Schweinefutter gilt, beim Kochen stinkt und bitter bis widerlich schmeckt. Keiner will sie essen, und doch kann nur sie vor dem Hungertod retten: die Steckrübe. Diese wenig verheißungsvolle Ausgangslage setzt allerdings einen Ideenreichtum frei, von dem unzählige Kriegskochbücher zeugen. Wenn nichts anderes als die muffige Steckrübe verfügbar ist, so der Tenor, dann denken wir uns zumindest unendliche Variationen der Zubereitung aus. Mangel als Katalysator für eine zuweilen absurde Vielfalt.

»Wenn in der städtischen Bevölkerung erst eine sachgemäße Behandlung der Steckrüben Platz gegriffen hat, wird das Misstrauen, das man bisher diesem Gemüse entgegengebracht hat, allgemach schwinden«, so verlautbaren es Plakate der Regierung, die im späten Herbst 1916 in den Städten verbreitet werden. Es folgen ein paar Erklärungen zur missratenen Kartoffelernte – Ironie des

Schicksals: Vor hundertfünfzig Jahren will keiner in diesem Land Kartoffeln haben, bis eine Hungersnot die Meinung der Bevölkerung jäh ändert. Jetzt will man nur noch Kartoffeln, aber eben keine Steckrüben. Und wieder wird gehungert. Weiter heißt es: »Es gilt deshalb jetzt die Steckrüben, die späterhin stark faulen und den Wohlgeschmack verlieren, der Volksernährung dienstbar zu machen. Als Sauerkraut und Dörrgemüse müssen sie für die Frühjahrsmonate haltbar gemacht und aufbewahrt werden.« Zum Abschluss noch ein hoffnungsfroher Appell: »Die wackeren deutschen Hausfrauen werden auch in diesem Falle nicht versagen.«

Nun denn. Neben Sauerkraut und Dörrgemüse kann man natürlich auch Suppe, Salat, Reibekuchen, Klößchen, Auflauf und sogar Bonbons aus Steckrüben machen. Oder weich gekochte Steckrüben mit Sauerkraut kombinieren, Letzteres ist ja nichts anderes als geraspelte Steckrüben, die längere Zeit in Essig eingelegt werden – voilà, ein veganer Teller, bestehend aus einem lokalen Produkt in zwei unterschiedlichen Texturen. Statt eines Pausenbrots knabbern die Kinder Steckrüben. Morgens Steckrübensuppe, mittags Koteletts von Steckrüben, abends Kuchen von Steckrüben. Tatsächlich kann man Steckrüben auch raspeln, im Ofen trocknen und durch die Kaffeemühle drehen. Und schon hat man, tja, Kaffee. Oder man mahlt das Ganze nicht, sondern raucht es stattdessen direkt in der Pfeife.

Und während die Steckrüben im Ofen schmoren, im Topf simmern und im Mokkakännchen aufkochen, treibt man vier Pfund Steckrüben mit drei Apfelsinen und einer Zitrone, sofern eben vorhanden, durch den Fleischwolf und kocht die Masse mit Zucker und Wasser zu Marmelade ein. »Verbessern kann man die Marmelade durch Zusatz von Fruchtsaft«, rät der unbekannte Autor des Rezepts. Und berührt damit die vielleicht beste Facette der Steckrübe, denn: Die Knolle kann beim Kochen und Einlegen fast jeden Geschmack annehmen. Kocht man sie mit wenig Äpfeln, bekommt man viel Apfelmus. Kocht man sie mit Sellerie oder Möhren, hat man hinterher gestrecktes Sellerie- oder Möhrengemüse. Die gemeine Steckrübe, ein Wunder der kulinarischen Imitation. Dennoch, der »Steckrübenwinter« wird Millionen von Deutschen zum Trauma. Keine dreißig Jahre später dringt derselbe kohlige Rübenmuff durch zerbombte Hausflure und holt das Trauma wieder an die Oberfläche des Bewusstseins. Essen ist eben auch schmerzhafte Erinnerung.

UM 1920

Stammessen, Weimarer Republik

»Seit 1922 wird [dieses Gebäude] als Mensa benutzt. Es genügte wohl den damaligen Bedürfnissen. Heute dürfen wir für uns in Anspruch nehmen, die älteste und schlechteste Mensa Deutschlands zu besitzen.« So beginnt 1959 eine Bittschrift an den deutschen Innenminister, formuliert von der Studentenschaft der Georg-August-Universität in Göttingen, die sehr klare Worte für die untragbaren Zustände in der hiesigen Mensa findet. Es seien nur etwa 350 Plätze für die mittlerweile fast 2.700 Studenten vorhanden. »Lange Schlangen von hungrigen Studenten bilden sich vor dem Gebäude und den Essensausgaben …« Und: »Die Arbeitsbedingungen der bedauernswerten Frauen, die im Keller täglich – auch sonntags – 20–30 Zentner Kartoffeln schälen, brauchen wohl nicht weiter kommentiert zu werden …« Nach weiteren schaurigen Schilderungen der räumlichen Bedingungen stellt der Autor fest: »Die enormen Essenszahlen sind kaum zu bewältigen. Damit die Verpflegung nur einigermaßen klappt, sind ständig Sonderanstrengungen, Überstunden und … viel Glück nötig. Trotzdem wird das Essen oft von den Studenten ebenso kritisiert, wie die Räume, in denen sie es einnehmen müssen. Die Kritik ist voll berechtigt.«[30]

Seit jeher sind Studierende förderungswürdige Mitglieder der Gesellschaft, die eben während der Zeit ihres Studiums kaum Geld haben. Deshalb gibt es in Deutschland bis in die 1920er Jahre hinein die sogenannten »Freitische«, das sind von Stiftungen oder privaten Wohltäterinnen gesponserte Essensplätze in Bürgerhäusern, Gaststätten oder auch in den Speisezimmern wohlhabender Familien, an denen der begünstigte Student regelmäßig Mahlzeiten einnehmen kann. So sind die geistigen Kapazitäten der Studentin von Anfang an frei von der Sorge um die Essensbeschaffung. Dann kommen die Mensen, Göttingen hat wohl die erste, und damit ein Raum, in dem die Studierenden nicht nur günstig essen, sondern auch innerhalb ihrer akademischen Community kommunizieren und entspannen können. Das »Stammessen« ist ein vorgegebenes nahrhaftes Menü aus Suppe, Hauptgericht und Nachtisch; die genaue Zusammensetzung des Essens ist ein fortwährendes Thema. Nach den beiden Weltkriegen muss man die Studenten, die oftmals an der Front waren, erst wieder aufpäppeln, die Folgen drastischer Mangel- und Fehlernährung sowie schwerer Krankheiten bekämpfen. In dieser Zeit dient die Mensa auch oft als Wärmestube. Später kreisen die Überlegungen der Studentenwerke, die auch für die gesundheitliche Betreuung der Studierenden verantwortlich sind, um die Tatsache, dass Studierende meist bei relativer Bewegungsarmut sehr anspruchsvollen geistigen Tätigkeiten nachgehen. Wie ernährt man die Köpfe, ohne die Bäuche allzu sehr zu beschweren?

Die Mensa wird zum Seismographen, der die politischen und gesellschaftlichen Erschütterungen innerhalb der Studentenschaft misst. So ist der Brief an den Innenminister keine bloße Nörgelei ob der fehlenden Essensplätze. Er ist auch Zeugnis einer Gruppe, die sich zunehmend politisiert – in Göttingen entwickeln die Studierenden sich aus einem stark konservativen Lager immer weiter in die linke Richtung – und im Zuge dessen immer kritischer und aktiver wird. Böse Zungen könnten die Sachlage natürlich andersherum drehen: Die Göttinger Studierenden entwickeln einen kritischen Geist, der kein Unbill mehr duldet, weil das Essen in ihrer Mensa so schlecht ist.

In den 1960er Jahren werden Deutschlands Mensen umgebaut und reformiert, da die Anzahl der Studierenden rasant anwächst. Die Mensa entwickelt sich immer mehr zu einem Koloss der Gemeinschaftsverpflegung, dem man nur noch mit Automatisierung beikommt; Transportbänder, Schäl- und Schneidemaschinen für die Unmengen an benötigten Kartoffeln und Gemüse halten Einzug. Während es in den Fünfzigern durchaus noch Mensen mit weißen Tischdecken und uniformierten Kellnern gibt, schaltet jetzt alles auf Selbstbedienung und Funktionalität um. Allerdings: Der Charakter eines Massenbetriebs, einer bloßen Station für die »Abfütterung«, soll unbedingt vermieden werden, weshalb viele der neuen hallenähnlichen Mensen mit Trennwänden unterteilt werden, damit die Räume kleiner und weniger fabrikhaft wirken. Ende der Sechziger, Proteste und Unruhen sind an der Tagesordnung, erstellt der Sozialpsychologe Alexander Mitscherlich ein modellhaftes Gutachten für die Universität Bremen. Ihm schwebt die Vision einer Mensa als hierarchiefreier Raum vor, ein idealer Campus, in dem sich alle Angehörigen der Universität auf Augenhöhe begegnen und stets offen für einen spontanen interdisziplinären Austausch sind. Außerdem, und das ist fast revolutionär, soll die geschlossene wissenschaftliche Gesellschaft aufgebrochen, die Mensa auch für Nichtangehörige der Universität geöffnet werden: Auch hier fallen konservative Werte zugunsten einer antiautoritären Demokratisierung, die 68er lassen grüßen. Und wieder: Um das Essen drehen sich die Überlegungen und Kontroversen einer Gemeinschaft, die sich immer wieder am gemeinsamen Tisch zusammenfindet.

Politisierung und Identitätsbildung, aber auch Überzeugungen und Moden der akademischen Gemeinschaft lassen sich an der Mensa und ihrem Essen ablesen. So bietet die Mensa in Augsburg im Sommer 1984 eine erste »Reformkostwoche« an, in der es auch vegetarische Gerichte gibt. Die Neunziger trumpfen dann mit bunter Internationalisierung auf – die Tablettrutschen biegen sich unter Tellern, die voll beladen sind mit Hähnchenfilet »*Café de Paris*«, Schweinekotelett »Amerikanisch«,

»Chinesischem Geschnetzelten« und »Reisgericht Mexi-
kanisch«. Bereits Ende der Neunziger gibt es das »Öko-
Menü« aus regional angebauten Produkten. 2016 flammt
plötzlich eine weitere Aktion im Zeichen des Umwelt-
schutzes auf: In Freiburg gruppieren sich mehrere Studenten, man nennt sie »Bänderer«, an jenem automati-
schen Band, auf dem die Tabletts mit den Essensresten
ihrer Entsorgung entgegengleiten. Wie kulinarische
Schrottsammler greifen sie sich die Teller mit den übrig
gebliebenen Speisen, um diese zu essen. Damit wollen
die etwa vierzig Bänderer ein Zeichen gegen die Verschwendung von Lebensmitteln setzen. Die Aktion wird
bald vom Studentenwerk unterbunden, Mauern aus Stell-
wänden werden rund um die Transportbänder errichtet,
was sofort zu neuen hitzigen Debatten führt. Die Gemü-
ter kochen hoch, während das vegane Chili sin Carne
unter der Wärmebrücke langsam vor sich hin schwitzt.

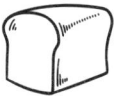

Bauhaus-Schnittchen und *Carneplastico*, Europa

Wuuuusch, klingeling, schepper! Wuuuuusch, klingeling, schepper! So geht der Sound des Bauhauses im Februar 1929, als das »Metallische Fest« begangen wird. Der nächste Gast, mit Blech armiert, beklebt oder gepresst in ein metallenes Kostüm, saust über die silbern glitzernde Riesenrutsche in den Festsaal: *Wuuuuusch!* Eine Bauhäuslerin, die wie eine Raupe in einem röhrenhaften Kokon aus Weißblech steckt, stapft die mit Klingeln und Schellen versehene Treppe hinunter: *Klingeling, schepper,* auf der Suche nach einem Kollegen, der ihre locker sitzenden Schrauben festziehen kann. Das gesamte Gebäude flirrt im Widerschein des metallischen Werkstoffs, Zerrbilder tanzender Avantgardisten gleiten über gebogenes Blech.

Feiern gehört zum programmatischen Anspruch des Gesamtkunstwerks, das im Bauhaus gelebt wird. Diesem allumfassenden Lifestyle können sich die auf den Festen gereichten Speisen nicht entziehen. Bourgeoise Menüs werden hier allerdings nicht gekocht. Dafür gibt es: Schnittchen. Kleine quadratische Brotscheiben, belegt mit Käse und Aufschnitt in sich wiederholenden Mustern, dazwischen kleine Pyramiden aus Remoulade oder Linsen, alles angeordnet zu einem geometrischen Ornament. Das triadische Ballett, gebannt in Stullen, wenn man so will. Dazwischen schwirren die Lebkuchenfiguren der Webmeisterin Gunta Stölzl: ein sehniger Leopard, Tänzerinnen mit Wespentaille und athletischen Armen, bewegt und in ein leuchtendes Fantasieland entrückt wie ihre Teppiche und Stoffe.

Nicht alle Avantgardistinnen werkeln so unbeschwert in der Küche. Der italienische Futurismus etwa entwirft ein ganzes Programm politischer Zukunftsvisionen anhand eher verschwurbelter kulinarischer Neuschöpfungen. Im Dezember 1930 veröffentlicht Filippo Tommaso Marinetti sein *Manifesto della Cucina Futurista* und versetzt die Italiener in Angst und Schrecken: Der nationalistisch gesinnte Futurist will die Pasta abschaffen. Schließlich würde ihr Nationalgericht zu Schwäche und Pessimismus führen (eigentlich geht es darum, dass die inländische Produktion des Nudelteigs vom Export ausländischen Weizens abhängt; patriotischer wäre es, die italienische Reisproduktion zu unterstützen). Im selben Atemzug träumt er davon, die Küche der Chemie zu öffnen, auf dass diese eine Pille erfinden soll, die den menschlichen Körper ausreichend ernährt. Noch besser: In naher Zukunft könne das Radio Ernährungswellen aussenden.

Und Marinetti zieht noch mehr Knüller aus seinem heiß knisternden Zaubertopf. Kurz nach dem Erscheinen des Manifests eröffnen die Futuristen in Turin ihr erstes Restaurant, *La Taverna del Santopalato*. Was dort serviert wird, mäandert zwischen avantgardistischem Kunstwerk, Perfomance und blankem Irrsinn. Etwa der sogenannte *Carneplastico*, Fleischskulptur: Ein hochtrabend als »synthetische Interpretation der Landschaften Italiens« angekündigter zylindrischer Klops aus gebratenem Kalbfleisch. Die Bulette wird mit elf verschiedenen Gemüsesorten gefüllt, oben drauf kommt ein Klecks Honig, daraufhin wird der geometrische Körper auf einem Ring aus Bratwurst errichtet, der wiederum auf drei goldenen Kugeln aus Hühnerfleisch ruht. Beim mit Schlagsahne servierten »Huhn Fiat« berührt man schon sanft die Grenze des Nichtessbaren; das Tier ist mit Stahlkugeln gefüllt und soll dem Fiat-Werk huldigen. Martialische Technik- und Militärbegeisterung liegt auch der »Luftspeise« zugrunde, die vollends die Grenze zur Performance überschreitet. Ein Teller mit schwarzen Oliven, einem Fenchelherz und Chinakohl wird dem Gast gereicht, er möge diese Komponenten mit der rechten Hand essen. Mit der linken soll er derweil über ein »Berührungsrechteck« streicheln; ein Schauder läuft ihm über den Rücken, während seine Finger abwechselnd über Schleifpapier, rote Seide und schwarzen Samt streicheln. Von hinten kommt ein Kellner, um den Gast mit Nelkenessenzen zu benetzen. Aus der Küche dringt derweil infernalisch laut ein Mix aus Bach und aufbrüllenden Flugzeugmotoren. Ist das Kunst, oder kann man das essen?

Ist das Essen im Bauhaus als Teil des Gesamtkunstwerks eher flüchtiges Ornament, so gerät es bei den Futuristen schon zum Vehikel ihrer fiebrigen Visionen. Einige Jahrzehnte später, aber immer noch in avantgardistischer Manier, begründet der Schweizer Daniel Spoerri die Eat-Art. Ihm geht es um den Geschmack als ästhetisches Erlebnis, das im selben Moment dekonstruiert wird. 1970, also gute zwanzig Jahre, bevor Ferran Adrià seine Pipetten und den Flüssigstickstoff in Position bringt, zelebriert Spoerri das *Bananatrap-Dinner*. Es startet mit Schildkrötensuppe, kredenzt in einer Mokkatasse, und endet mit Kaffee, der als Suppe aufgetragen wird. Ein schlichtes Verwechslungsspiel, das unsere Beziehung zwischen Geschmack und Erwartung hinterfragt: Schmeckt die Suppe anders, wenn ich mit Mokka rechne?

Noch eine Generation später hebt Kai Söltner, Künstler und übrigens auch gelernter Koch, das Thema der intellektualisierten Einverleibung auf ein weiteres, unerwartetes Level: Unter großem Getöse und in noch größeren Töpfen kocht er Bücher. Auf einer Dada-Veranstaltung etwa *Die Gesänge des Maldoror* von Lautréamont und Achim Szepanskis *Kapitalisierung, Band 2*. Die Büchersuppe träufelt er dann wiederum in Wodka. Ein beherzter Schluck, und man hat die radikalen Anfänge des Surrealismus inkorporiert. Prost!

Essen spielt immer wieder eine Rolle in der Kunst. Man denkt dabei sofort an die niederländischen Stillleben des 17. Jahrhunderts, die der Betrachterin ob ihrer Virtuosität zum köstlichen Augenschmaus werden. Die avantgardistischen Zugriffe auf die Sphären der Kulinarik verlangen hingegen nach Gegenständlicherem, man soll die Ästhetik schmecken, auch wenn sie möglicherweise nicht schmeckt. Und vielleicht kann man, kauend und probierend, an der Unantastbarkeit der Kunst kratzen, wie Pablo Picasso, dessen Kubismus in Kneipen entsteht und den die einfachsten Dinge aus der Küche faszinieren, weshalb er sie immer wieder malt: »Ein Löffel für ein Glas Absinth, ... Wein, roher Schinken, ein gemästetes Huhn. Diese Entmystifizierung der Malerei verherrlicht das Alltagsleben und zeigt den Geschmack des wirklichen Lebens.«[31]

1933

Langouste belle aurore,
Französische Republik

Eines Abends in Lyon. Ein Raum voller elegant gekleideter Menschen. Lange Tafeln unter leuchtenden Lüstern. Die Tische bedeckt mit schwarz-weiß karierten Decken und Gläsern, die unermüdlich von Kellnern in weißen Anzügen gefüllt werden. Erwartungsfrohe Blicke wandern zur Tür, hinter der die Küche liegt. Dort, zwischen weißen Kacheln und vom Dampf beschlagenen Sprossenfenstern, rührt eine kräftige Frau in großen Sauteusen und Töpfen. Die Luft ist schwer vom Duft nach Butter und Sahne. Dann wird aufgetragen: *Poularde en demideuil*, eine Poularde, unter deren knuspriger Haut, einem schwarzen Trauerflor aus zartem Stoff gleich, dicht gelegte Trüffelscheiben stecken. Gratinierte *quenelles* mit pochiertem Hecht, in einem dickflüssigen Ozean aus Béchamelsauce, Flusskrebsen, Butter und Sahne treibend. Und natürlich die *langouste belle aurore*. Eine ganze Languste, die in Cognac und einem Liter Sahne gekocht und in einem *vol-au-vent* serviert wird, einer zylindrisch geformten Hülle aus Blätterteig, durch die nun raschelnd die ersten Messer fahren. Die zarten, fast transparenten Krümel des Teigs rieseln in die duftende Sauce. Die Kellner huschen weiter geschäftig umher, während sich in den Reihen der Gäste ein wohliges Fresskoma ausbreitet.

Die Köchin bei den brodelnden Sahnetöpfen ist Eugénie Brazier. Ihr Restaurant *La Mère Brazier* ist eines der ersten, das der *Guide Michelin* mit drei Sternen auszeichnet. Auch ihr zweites Restaurant am Col de la Luère wird mit drei Sternen bedacht, damit ist Brazier nicht nur die erste Frau, sondern die erste Person überhaupt, die sechs Michelin-Sterne hält (nicht viel später wird übrigens ein angehender Koch namens Paul Bocuse bei ihr in die Lehre gehen). Das Sternesystem des *Guide* ist noch jung: Bekanntlich wird der kleine rote Führer von Michelin, einem Hersteller von Autoreifen, im Jahr 1900 erdacht, um seinen Kunden nicht nur Nützliches wie die Adressen von Werkstätten und Tankstellen zu liefern, sondern zunehmend auch Ideen einzugeben, wohin man denn mit seinem Automobil fahren könnte (schließlich soll man ja die guten Michelin-Reifen auch ordentlich abnutzen). Ganz nebenbei leisten die Brüder Michelin mit ihrem kleinen Heft Pionierarbeit. Zur Jahrhundertwende sind Straßennetze kaum ausgebaut, nach Wegweisern sucht man vergebens. Fast unmöglich, einen abgelegenen Landgasthof gezielt anzufahren. Der *Guide* wird deshalb schon bald mit Straßenkarten ausgestattet, die so gut sind, dass sie später im Zweiten Weltkrieg von den Alliierten genutzt werden, um sich im zerbomb-ten Frankreich zurechtzufinden. Michelin überzieht das Land mit den feinen Netzen seiner Ortspläne und kar-tographiert gleichzeitig den gehobenen Geschmack: Seit 1926 werden feinere Restaurants mit einem Stern mar-kiert, fünf Jahre später wird das bis heute gültige Ran-king eingeführt. Die drei Sterne bedeuten dabei die ab-solute Höchstnote, in Michelins Terminologie heißt das: *vaut le voyage*, eine Reise wert (bei einem Stern lohnt es sich, mal anzuhalten, während man für zwei Sterne ru-hig einen Umweg fahren kann). Die Idee des Gourmet-Tourismus, des kulinarischen Pilgerns, ist geboren.

Kochen als Kunst, das gibt es in den Kreisen der Elite schon seit der Antike. Auch die Restaurantkritik ist, als der *Guide Michelin* auf den Plan tritt, bereits erfunden, wenn auch eher als Randerscheinung. Als Urvater die-ses Genres gilt Alexandre Balthazar Laurent Grimod de la Reynière, legendärer Feinschmecker der Pariser Aris-tokratie, der Anfang des 19. Jahrhunderts seinen *Alma-nach des gourmands* veröffentlicht. Doch erst mit dem Michelin-Stern entsteht die ganz eigene Welt der Sterne-küche, denn der *Guide* gibt jetzt ein klar systematisier-tes Bewertungsraster vor, an dem sich jeder interessierte Gourmet orientieren kann – und das ganze Karrieren befeuert oder auch beendet.

Zunächst einmal erfährt die Kochkunst eine weitere Aufwertung. Ein Dreisternerestaurant ist plötzlich eine Sensation, die auch Prominenz anzieht. Charles de Gaulle und Marlene Dietrich, zum Beispiel, kommen nach Lyon, um Braziers in Cognacsahne ersoffene Languste zu essen. Vor allen Dingen aber begründet das Sternesystem einen Zugang zum Thema Essen, der von Fachsimpelei und einer zunehmend intellektuellen Ernsthaftigkeit geprägt ist. Den knisternden Seiten des *Guide Michelin* und vieler weiterer folgender Gastronomieführer entsteigt der professionelle Gourmet. Ihm geht es nicht ums Sattwerden, sondern um den Geschmack als Erlebnis.

An diesem Punkt ist das Verhältnis des Menschen zum Essen bereits einen weiten Weg gegangen: vom essenziellen Lebenserhalter, um dessen Beschaffung alle Gedanken des Tages kreisen, über ein Mittel teils erbarmungsloser sozialer Distinktion ist das Essen nun Gegenstand kritischer Anschauung und Bewertung geworden. (Interessanterweise gerade zu der Zeit – ohne diese Tatsache überinterpretieren zu wollen –, als in der Kunsttheorie Größen wie Panofsky und Warburg ebenfalls neue Systeme zur Einordnung und Bewertung von Kunst ersinnen.) Bald entscheiden die Sterne über Aufstieg und Fall in der Welt des guten Geschmacks. Michelin schickt nun international erfahrende Kritiker in die Restaurants, *inspecteurs* genannt, die, getarnt wie Geheimagenten, unangekündigt zum Testessen vorbeikommen, mehrmals, um dann darüber zu befinden, wer eines Sternes würdig ist, wer seine Sterne verteidigt – und wer wieder welche verliert. Nicht jeder Chefkoch erträgt diesen permanenten Druck gefühlter Willkür. Geschichten von Burnouts und sogar Suiziden ranken sich um die Sterne, immer mehr Restaurants entziehen sich diesem

Druck, indem sie bewusst auf die Bewertung verzichten oder ihren Stern zurückgeben. Allerdings – wer heute professionell kocht, kann sich der Beurteilung berufsmäßiger oder auch selbst ernannter Restaurantkritiker nicht mehr entziehen, das ist das Erbe der ersten Gastronomieführer. Ein Restaurant kann sich dem *Guide Michelin* verschließen, doch all die virtuell verbreiteten Punkte, Meinungen und Rezensionen auf Blogs und in den sozialen Medien sind in der Welt – und oftmals im rauen Ton formuliert. So gesehen war der *Guide* lediglich der gesittete Anfang.

Totenbrot und Zuckerschädel, Mexiko

Die Friedhöfe Mexikos, sie sind an diesem Abend Orte des bunten Lebens. Die Grabsteine und Wege zwischen den Gräbern sind reich bedeckt mit leuchtend gelben und orangefarbenen Blütenköpfen. Girlanden und kunstvolle Scherenschnitte aus hauchdünnem Papier flattern in der lauen Luft. Ein Meer flackernder Kerzen taucht alles in strahlendes gelbes Licht. An den Gräbern sitzen Familien, Eltern, Großeltern, Kinder, Tanten, Onkel und picknicken mit ihren Toten, die hier bereits ihre letzte Ruhe gefunden haben.

Die Lebenden hocken auf kleinen Stühlen oder einfach auf dem Boden. In großen Körben und Taschen sind die Lieblingsspeisen ihrer verstorbenen Verwandten hergebracht worden und werden nun ausgepackt: *Tamales*, wie sie der verblichene Großonkel am liebsten mochte; die scharf gewürzte Füllung aus Fleisch und Gemüse wurde in einen Teig aus Mais und Schmalz und dann noch in die Schale eines Maiskolbens gewickelt und so langsam gegart. Für alle gibt es außerdem *pan de muerto*, Brot des Todes, kleine süße Brötchen, weich und nach Anis duftend. Sie sind üppig mit Zucker bestreut, außerdem hat man zwei gekreuzte Streben aus Teig auf die kleinen Laibe gelegt, in der Mitte eine Kugel, sie stellen Knochen und eine Träne dar. In den Tagen vor dem *Día de los Muertos*, dem Tag der Toten, dringt aus den Küchen der Stadt ihr lieblicher Duft, während die runden Brotklumpen mit dem Knochenornament langsam aufgehen. Die Schaufenster der *dulcerías* und die Regale in den Supermärkten biegen sich unter dem Gewicht der zahllosen grellbunten Totenköpfe, die aus Zuckerguss, Amaranth oder Schokolade gefertigt sind. Daneben stehen ganze Bataillone bunter Särge aus Marzipan, sie sehen aus wie lang gezogene Riegel, in denen zierliche Kreuze stecken. Die Kinder lieben vor allem die Totenköpfe, man kann auch in Zuckerschrift die Namen der Verblichenen auf den Schädel schreiben.

Das zwanglose Miteinander mit den verstorbenen Ahnen ist tief in der mexikanischen Kultur verankert, auch die Azteken, Mayas, Mexica und Totonacas feiern wohl schon vor dreitausend Jahren ihre Toten. Der *día de los muertos* in seiner heutigen Form könnte allerdings auch, so genau will das merkwürdigerweise keiner mehr wissen, eine Erfindung des 20. Jahrhunderts sein; möglicherweise tauchen die Zuckerschädel, Skelette und Marzipansärge erst unter Präsident Lázaro Cárdenas auf, der ab 1934 das Amt innehat und sich besonders darum bemüht, Mexikos indigene Identität zu stärken. So oder so: Die Tradition des Totenmahls, die Idee, beim Essen eine Gemeinschaft zwischen Lebenden und Toten zu bilden, pflegt die Menschheit seit Jahrtausenden. Auch im antiken Rom ist es üblich, direkt nach der Bestattung ein Essen im Familienkreis am Grab abzuhalten. In vielen Katakomben und Grabkammern finden sich steinerne Tische oder sogar umlaufende Speisebänke, auf denen die engsten Verwandten Platz nehmen können. Auch im alten Orient werden schon vor mehr als dreitausend Jahren kultische Mahlzeiten in den Grabkammern eingenommen; die Anverwandten sitzen in der Gruft auf Steinbänken und speisen und trinken möglichst würdevoll neben den offen stehenden Sarkophagen. In der Levante legt man in dieser Zeit auch im Alltag viel Wert auf die Totenpflege, bei der man die Geister der Ahnen regelmäßig mit Speisen und Getränken zu versorgen hat – bei Vernachlässigung dieser Pflicht kann man es mit sehr wütenden Geistern zu tun bekommen, die sich für die mangelhafte Versorgung mit Krankheit und Unglück rächen. Auf Sizilien hingegen beschenken bis heute die Ahnen ihre lebenden Nachkommen: Zur *festa dei morti* verstecken die Toten kleine Geschenke und traditionelle Süßigkeiten für die Kinder, wie spezielle Mandelkekse, Püppchen aus Zucker oder buntes Obst aus Marzipan. Nach der Geschenkesuche besucht man die Gräber der freundlichen Schenkenden und schmückt diese mit Blumen, bevor man sich wiederum zu einem familiären Festmahl zusammenfindet.

Und natürlich setzt man sich heute noch in weiten Teilen der Welt zum Leichenschmaus zusammen, wenn auch nicht direkt am Grab, so aber doch unter dem starken Eindruck der direkt davor vollzogenen Beerdigung. Dass Essen eine Kulturpraxis der Gemeinschaft ist, scheint so fest in der Menschheit verankert zu sein, dass es sogar noch eine starke Verbindung zu unseren Toten herstellen kann.

Zurück nach Mexiko: Neben den morbiden Süßigkeiten gibt es auf der Halbinsel Yucatán noch einen weiteren festen Brauch zum Tag der Toten. Dort bereitet man *mukbil pollo* zu, eine sehr große Tamale, gefüllt mit Huhn, Schweinefleisch, Knoblauch, Tomaten, verschiedenen Pfeffersorten und Chili. Die übergroße Pastete wird in eine scharfe Brühe getaucht, bis sie sich vollgesogen hat. Dann wickelt man das Ganze in Bananenblätter und gart es in einem unterirdischen Ofen, wie es schon die Mayas gemacht haben. Nach Stunden gräbt man den *mukbil pollo* wieder aus und öffnet ihn vorsichtig. Sein Inneres leuchtet orangerot. Ein Schwall aus heißen Gerüchen entweicht ihm, scharf, frisch und vertraut zugleich: eine Kapsel, randvoll gefüllt mit Geschichten unseres Lebens.

Es ist bezeichnend, dass der Ahnenkult oftmals mit ganz speziellen Speisen verbunden ist. Ob Zuckerschädel und Todesbrot, Riesentamale oder Marzipanfrucht – diese Speisen, ihr Geschmack, ihr Duft, ihr Aussehen, rufen sofort Erinnerungen hervor. Beim gemeinsamen Essen können wir uns diese Erinnerungen einverleiben. Und uns so, eine Mahlzeit lang, mit unseren geliebten Toten vereinen.

1937
BBC-Omelett, Vereinigtes Königreich Großbritannien und Nordirland

London, 1937: Die BBC, selbst noch im Experimentierstatus, stellt den charmanten Restaurantbetreiber Marcel Boulestin vor die Kamera und lässt ihn live kochen. Er ist die erste Person überhaupt, die im Fernsehen ein Gericht zubereitet. Seine erste Speise soll in ihrer Einfachheit nicht überfordern, ist aber gleichzeitig typisch Französisch. Boulestin bereitet ein Omelett zu.

Um zu erklären, warum in den Pioniertagen des Fernsehens ausgerechnet ein Omelett TV-Premiere feiert, muss etwas ausgeholt werden. Im Juni 1923 landet Boulestin, der sich in der englischen Metropole bereits als Autor, Dekorateur, Französischlehrer und Weinberater verdingt hat, endlich den ersehnten Bestseller: ein Kochbuch über einfache französische Gerichte für britische Haushalte. Sein Erfolg hängt sicherlich mit der politisch wie wirtschaftlich bewegten Zeit zusammen, in der seine Bücher entstehen. Seit dem Ersten Weltkrieg befindet sich die britische Küche im Niedergang (gegen die katastrophalen Folgen wird bis heute angekämpft). Die Inselnation muss einen großen Teil ihrer Lebensmittel importieren, Zutaten werden teilweise staatlich rationiert. Gleichzeitig geht es der Mittelschicht nicht schlecht, die Politik fördert den Wohnbau, man zieht ins eigene Häuschen, fährt vielleicht ein Automobil, schafft sich Haushaltsgeräte an. Das Interesse, aus den bescheidenen Ingredienzien, die einem zur Verfügung stehen, etwas Wohlschmeckendes zu machen, wächst. Da erwischt Boulestin mit seiner einfachen, ursprünglich ebenfalls aus der Armut entstandenen französischen *cuisine* endlich einmal den richtigen Zeitpunkt.

Nach weiteren Kassenschlagern wie etwa *How to Keep a Good Table for Sixteen Shillings a Week* eröffnet Boulestin Londons teuerstes und elegantestes Restaurant, das der ehemalige Interiordesigner mit avantgardistischen Wandgemälden und leuchtenden Brokatvorhängen schmücken lässt. Dieser Mann, zwar kein gelernter Koch, aber ein Gourmet, der sich aufgemacht hat, den britischen Gaumen zu missionieren, soll nun also die erste Person werden, die ein Gericht im Fernsehen zubereitet. Und somit zum Urahn des TV-Kochs wird, dieser schillernden Melange aus Könner, Kenner und Selbstdarsteller, Moderator eines Genres, das den Blick nicht mehr auf den sozialen Akt des gemeinsamen Speisens richtet, sondern das Kochen selbst in den Mittelpunkt stellt, als eine bedeutsame Tätigkeit, die man beispielsweise unter der im Plauderton vorgetragenen Anleitung eines mondänen Franzosen ausführt. Und so wird das Kochen auf recht lässige Art zum ersten Mal Gegenstand einer medialen Inszenierung.

Ein Omelett also. *Tant de bruit pour une omelette*, so viel Lärm um eine *omelette*, so sagt man im Französischen (hier ist das üppig buttrige Omelett übrigens eine Sie, ganz entschieden kein Neutrum). Hinter dieser scheinbaren Simplizität verbirgt sich ein ganzer Kanon, der zeigt, dass man allerdings viel Lärm um ein Gericht machen kann, das aus nur drei Zutaten besteht. Es gibt kaum einen Großen der Küche Frankreichs, der sich nicht Gedanken um das Omelett gemacht hätte, vor und nach dessen Premiere bei der BBC. Auguste Escoffier! Paul Bocuse! Und Jacques Pépin erklärt später einmal, er würde, sollte er die Fähigkeiten eines jungen Kochs testen wollen, diesen ein Omelett zubereiten lassen; in den scheinbar einfachsten Dingen zeige sich eben die wahre Könnerschaft.

Der Kenner also verwendet lediglich Butter, Eier und Salz. Vom Salz eine Prise, von den beiden anderen Zutaten: sehr, sehr viel. Alice B. Toklas etwa, Gertrude Steins Lebensgefährtin, die auch den Haushalt der Grand Dame schmeißt und zahlreiche Kochbücher verfasst, teilt in einem ihrer Bücher ein Rezept des Malers Francis Picabia, bei dem es sich »selbstverständlich« um keine profanen Rühreier handle: Man nehme und verquirle acht Eier, salze diese und schütte sie in einen Topf. Die Masse wird eine halbe Stunde lang auf schwächster Flamme gerührt, während man ganz langsam ein halbes Pfund Butter dazugibt – »kein Krümchen weniger, eher mehr, wenn Sie sich trauen.«[32]

Geschmeidig solle das Ergebnis werden, damit teilt Toklas die Ansicht Auguste Escoffiers, nach der das Omelett glatt und feucht zugleich sein müsse – wenn es, wohlig zusammengewickelt wie ein gut riechender Kokon, die heiße Pfanne verlässt, sollte es innen noch nicht ganz durchgebacken sein, es gart dann auf dem warmen Teller nach. Ansonsten lautet die Devise beim Garen: schütteln, schütteln, schütteln. Knapp dreißig Jahre nach Boulestin, als das Fernsehen längst zum führenden Medium geworden ist, wird eine gewisse Julia Child mit ihrer Kochsendung *The French Chef* wirklich berühmt – wieder geht es um die einfache französische Küche, diesmal für amerikanische Haushalte. Auch sie kocht eine französische *omelette* und führt mit der ihr eigenen Entschlossenheit vor, wie diese gegart wird. Mit eisernem Griff umklammert sie den Stiel ihrer beschichteten Pfanne und rüttelt so lange, bis sich die Masse vom Boden löst und von selbst in die richtige, ovale Form rollt.

Ob Boulestin bei seinem ersten Fernsehauftritt ebenfalls so inbrünstig schüttelt, lässt sich leider nicht mehr rekonstruieren. 1937 ist es technisch noch nicht möglich, die in Echtzeit gesendete Kochstunde aufzuzeichnen. Fest steht, dass die Wahl seines Gerichts eine kluge ist: Lächerlich wenige, simple Zutaten und ein überschaubares technisches Können reichen zum Nachkochen. Die verschwenderisch eingesetzte Butter allerdings muss ein Volk begeistern, dessen Küche ursprünglich auf Speisen basiert, die sich gern in schwere Teigmäntel hüllen oder auch dem blubbernden Bad der Fritteuse entsteigen, um an kaltnassen Tagen für das nötige Nachschwitzen zu sorgen. Und natürlich schwingt hier ein Hauch Luxus in harten Zeiten mit, ein augenzwinkerndes »Gönn's dir ruhig, wer weiß, wie lange es noch geht«. Boulestins Sendung *Cook's Night Out* läuft bis 1939 im Fernsehen. Seine letzten Lebensjahre verbringt er unter deutscher Besatzung in Paris, wo er noch vor Ende des Krieges stirbt.

1944

Gemüsepastete, Vereinigtes Königreich
Großbritannien und Nordirland

»Man befreie ihn von seiner Gier nach Fleischtöpfen …
Man reinige ihn völlig von seinem Blutgeschmack«, so
die leis' brachiale Forderung in *Der Vegetarier*, der Zeitung des »Vereins für naturgemässe Lebensweise«. Wir
schreiben das Jahr 1892. Doch obwohl dieser kämpfe-
rische Vegetarismus, entstanden aus dem Bewusstsein
um die Grausamkeiten der neuen industrialisierten
Schlachthöfe, bereits eine radikale Sichtweise auf die
fleischlastige Küche des 19. Jahrhunderts darstellt, ist
das manchen schon zur Jahrhundertwende noch nicht
genug. Im Jahr 1900 probiert sich ein erstes Grüppchen
eher exzentrischer Zeitgenossen im Verzicht nicht nur
auf Fleisch, sondern auch auf Eier, Milch und alle weiteren tierischen Erzeugnisse: Der Industriellensohn Henri
Oedenkoven und seine Geliebte Ida Hofmann gründen
eine Aussteigerkolonie, die gleichzeitig eine Art Anstalt
zum Detoxen sein soll, gelegen in schönster Abgeschie-

denheit auf dem »Monte Verità« im Tessin. Auf alten Fotografien aus dieser Zeit sieht man neben barfüßigen Tanzenden in lockerer Bekleidung auch die leibliche Versorgung in Form eines Tabletts, auf dem neben zwei Scheiben trockenen Brots noch ungeschältes Obst und ein Haufen Nüsse präsentiert werden. Es überrascht vielleicht nicht, dass so mancher Gast sich regelmäßig heimlich nach unten ins Dorf schleicht, um in aller Verschwiegenheit ein blutiges Steak zu konsumieren.

Den konkreten Begriff »Veganismus« erfindet ein knappes halbes Jahrhundert später der Engländer Donald Watson. 1944 gründet er die erste »*Vegan Society*« in Birmingham. Zu diesem Zeitpunkt bedeutet Veganismus den reinen Verzicht auf all jene Produkte, deren Verzehr in den Augen seiner Vertreter Leid für andere Lebewesen bedeutet. Von der Tatsache, dass dabei auch kulinarisch etwas Spannendes entstehen könnte, sind die ersten Veganer noch weit entfernt. In der dritten Ausgabe des Vereinsblatts *The Vegan* wird eine Kolumne für vegane Rezepte eingeführt. Die ersten Vorschläge: Walnuss-Cookies mit Orange, Mandelkekse aus Vollkornmehl und eine Gemüsepastete mit Kartoffelbrei und gebackenen Bohnen. Einfache Hausmannskost, bei der alle bedenklichen Geschmacksträger schlicht weggelassen werden. Sehr lange wird sich der Ruf der veganen Küche nicht von der Fantasielosigkeit dieser ersten Gemüsepastete lösen können. Fad, lustbefreit, schon unangenehm gesund schmeckend, so lauten teilweise noch bis heute die Vorurteile.

Die Gründe für den Veganismus werden in den folgenden Jahrzehnten, mit wachsenden globalen Problemen, aber auch neuen wissenschaftlichen Erkenntnissen, immer mannigfaltiger und virulenter. Überzeugte Tierschützer entscheiden sich aus Sorge ums Tierwohl dafür. Zunehmend sprechen aber auch medizinische Gründe dafür. Und: Heute ist der Veganismus nicht zuletzt auch eine starke Strömung innerhalb der Klimabewegung, da die industrielle Tierhaltung massiv zur Erderwärmung beiträgt und die Umwelt in großem Maße schädigt. Vor allen Dingen der letzte Punkt ist wohl der Grund dafür, dass der Veganismus einen Paradigmenwechsel in der Diskussion um unser Essen einläutet. Dieser Wechsel bewirkt, dass jedes Gespräch über Essen immer auch eine gesellschaftspolitische Dimension enthält. Denn egal, ob man nun weiterhin tierische Produkte isst, den Konsum einschränkt oder ganz auf sie verzichtet – jede dieser Haltungen zur eigenen Ernährung ist gleichzeitig ein politisches Bekenntnis. Ab jetzt steht das Verhältnis des einzelnen Menschen zu seinem Essen immer auch stellvertretend für sein Verhältnis zu unserem Planeten und den großen globalen Krisen unserer Zeit. Wir sind damit bei der vollständigen Politisierung des Essens angekommen.

In dieser Debatte zwischen Veganern und Carnivoren führen Letztere oftmals an, dass der Verzehr von Fleisch tief in der Natur des Menschen verankert sei, und haben dabei wohl das Bild des jagenden Eiszeitmenschen vor Augen. Das ist natürlich Unsinn: Die Geschichte des Essens zeigt ja gerade, dass der Mensch sich immer wieder neu anpassen kann. Seit dem Neolithikum etwa hat der Großteil der mitteleuropäischen Menschheit sich oftmals nur vegan ernährt, nämlich von Brot und Getreidebrei – ganz zu schweigen von Kulturen, die, zum Beispiel, buddhistisch geprägt sind. Der Mensch allerdings erweist sich auf der anderen Seite immer wieder als stures Gewohnheitstier, das lange braucht, um seine über Jahrhunderte eingeprägten Kulturmuster abzuändern. In den westlichen Kulturkreisen stehen wir heute sicherlich in der Tradition der französisch geprägten Küche der Neuzeit und auch der Küche der Industrialisierung. Der fast schon obsessive Fleischgenuss des 19. Jahrhunderts hat vermutlich die schwersten Gewichte der Gewohnheit in unsere Mägen gelegt. Man werfe nur einen Blick in das *Praktische Kochbuch* von Henriette Davidis, ein im 19. Jahrhundert besonders beliebtes Hochzeitsgeschenk für jede angehende junge Hausfrau: Im vorderen Teil finden sich durchaus Gemüsegerichte, die allerdings sämtlich als Beilagen zu verstehen sind. Es folgen siebenunddreißig Ochsen- oder Rindfleischrezepte, sechzig Kalbfleischgerichte, siebenunddreißigmal Schweinefleisch und so weiter. Danach kommen all die duftigen Eier- und Milchspeisen und schließlich eine ganze Welt der Saucen, die ohne zerlassene, warme, über alles gegossene Butter nicht auskommt. Diese Küche, die noch vor wenigen Generationen im gesamten Bürgertum der westlichen Industrieländer so auf den Tisch kommt, ist zutiefst von tierischen Zutaten durchdrungen.

Dazu kommt die enge Verknüpfung zwischen Fleisch und Männlichkeit, die ebenfalls aus der Zeit der Industrialisierung stammt. Machen doch die zeitgenössischen ersten Erkenntnisse zu Nährwerten und Kalorien glauben, dass der schwer in der Fabrik arbeitende Mann so viel Fleisch wie möglich braucht, um, einer besonders leistungsfähigen Dampfmaschine gleich, Muskeln und Kraft zu entwickeln. Das Bild dieses Mannes, den möglichst viel Fleisch in einen starken Muskelprotz verwandelt, steckt immer noch in unseren Köpfen. Tatsächlich verzehren heute vor allem Männer im Durchschnitt das Doppelte dessen, was an Fleischkonsum empfohlen wird. Ob die Tatsache, dass immer mehr professionelle Sportler – und zwar durchaus Vertreter als besonders maskulin geltender Sportarten wie Fußball oder American Football – ihre Leistung durch vegane Ernährung steigern, hier etwas ändern kann?

Gegenwärtig entdeckt die gehobene Gastronomie die pflanzenbasierte Küche für sich. Tierfreie Speisen avancieren zum Luxusprodukt: 2021 serviert das erste Dreisternerestaurant ein komplett veganes Menü. Im New Yorker *Eleven Madison Park* gibt es jetzt die in Japan von Hand ausgelösten Samen der Kochia Scoparia, die in einer Algen-Plankton-Brühe gekocht werden. Crème Fraîche wird aus fermentierten Mandeln hergestellt. Ein zartes Tatar besteht aus Gurken, Melonen und geräuchertem Daikon-Rettich.

Es war ein weiter Weg von Kartoffelbrei mit Backbohnen.

1946

Resteessen, weltweit

Dass Lebensmittel gelagert werden sollen, ist ein Thema so alt wie das Ernten, Jagen und Kochen. Seitdem der Mensch einen Kühlschrank hat, kann er auch jenseits des Einmachens und Konservierens frische Produkte und Überbleibsel bereits gekochter Gerichte aufbewahren, zumindest für ein paar Tage. In sparsameren Zeiten wie den Nachkriegsjahren sind Gerichte *en vogue*, in denen solche Reste verkocht werden. Die letzten Spuren des Sonntagsbratens kann man im Bauernfrühstück, *shepherd's pie*, Hoppelpoppel (Berlin), *pyttipanna* (Schweden), *biksemad* (Dänemark) oder Tiroler Gröstl verschwinden lassen. Markknochen, Karkassen und Fleischreste kann man als Brühe auskochen, auch die Bouillabaisse ist klassischerweise ein Resteessen – Marseiller Fischhändler erfinden einst ein Gericht, das man aus den unverkauften Fischen machen kann. Fürs *bibimbap* brät man in Korea den übrig gebliebenen Reis, Gemüse und etwas Fleisch auf, obendrauf gibt es öfter ein rohes Ei. Für Ratatouille kann man alles Gemüse, das noch im Kühlschrank herumliegt, kleinhacken und anbraten.

1946 greift ein amerikanischer Unternehmer namens Earl Silas Tupper das Thema auf. Er hat einige Jahre zuvor den neuen Werkstoff Polyethylen kennengelernt. Zunächst stellt er daraus Kleinteile fürs Militär her, etwa Versatzstücke für Gasmasken. Nach Kriegsende bringt er als einer der Ersten den Kunststoff auf den zivilen Markt und präsentiert seine *Wonder Bowl*. Leichte, fast transparente Schüsseln in pastelligen und bunten Farben, die sich mit einem patentierten Siegel luftdicht verschließen lassen. »Sie hält Reste tagelang frisch wie gerade erst gekocht«, heißt es in einer Werbeanzeige seiner Firma Tupperware.

Obwohl die Tupperschüsseln ob ihrer Leichtigkeit und ihres minimalistischen, für die Vierzigerjahre schon futuristisch anmutenden Designs gelobt werden, liegen sie doch wie Blei in den Verkaufsregalen der Kaufhäuser. Sie wirken zu fremd, wie knallbunte Aliens in einer ruhigen Welt aus Keramik und Glas. Bis Brownie Wise kommt. Eine alleinerziehende, hart arbeitende, ehrgeizige Frau, die Tupper den großen Erfolg bringt, und zwar mit ihrem Konzept der »*Tupperware Party*«: Frauen öffnen ihr Heim und ihr Netzwerk, um bei Kaffeeklatsch und Dinnerpartys massenweise Plastikdosen zu verkaufen. Nebenbei werden aus bis dahin ungesehenen Hausfrauen Unternehmerinnen – die Geschichte der Resteverwahrung ist an diesem Punkt auch eine Geschichte der Selbstermächtigung von Frauen, deren häuslicher Kosmos eine neue Anerkennung erfährt. Und: Brownie Wise bringt ungeahnten Glamour ins Tupperdosen-Business. Sie braust mit einem pinken Cadillac herum, trägt ausgefallene Haute Couture und schmeißt jedes Jahr eine rauschende Party für die erfolgreichsten »*Tupper Ladys*«. Einmal veranstaltet sie auf einem Acker eine mondäne Schatzsuche. Die geladenen Damen graben mit Spaten die Erde um und finden Tüten mit Nerzstolen, Diamantringen und winzigen Autos, deren lebensgroße Pendants bereits auf dem Parkplatz bereitstehen. Irgendwann wird Earl Tupper der Presserummel um Wise samt ihrer Extravaganz zu viel. Er feuert sie und streicht sie sogar aus der Firmenchronik – eine weitere Frauengeschichte des *midcentury*, die von Ausbootung und Mobbing durch missgünstige Männer handelt.

Geblieben sind die Tupperparties und leider auch das Thema Essensreste, das in den folgenden Jahrzehnten eine völlig neue, globale Dimension annimmt. Das internationale Schlagwort lautet: *Food waste*. Gemeint ist nicht nur Verschwendung, sondern nackte Vernichtung. Gegenwärtig wirft der Mensch weltweit fast zwanzig Prozent seines noch essbaren Essens weg. Katastrophal fürs Klima, das unnötig belastet wird – und ein Schlag ins Gesicht der knapp 830 Millionen Menschen, die auf unserer Erde hungern. Gehen wir doch einmal im Laufschritt durch ein paar Jahrtausende unserer Geschichte. Viele Äonen lang vergräbt der Mensch bang sein Korn in der Erde, lagert es irgendwie in Tontöpfen, während er nur hoffen kann, dass kein Unwetter die Ernte zerstört, damit er irgendwie durch den Winter kommt. Er erschließt mühsam und unter Einsatz vieler Leben neue Handelsrouten, sucht überall auf der Welt nach Lebensmitteln, die vielleicht doch noch mehr Mäuler stopfen können. Dann kommt die Industrialisierung. Ihre Errungenschaften ermöglichen es dem Menschen, Essen sogar über Jahrzehnte zu bevorraten. Vor allen Dingen aber bringt sie: Lebensmittel im Überfluss. Welch bitterböse Ironie liegt doch in der Tatsache, dass der Mensch seit dem 19. Jahrhundert das Problem des Hungers in der Theorie gelöst hat – und gleichzeitig mehr Menschen hungern als je zuvor.

Gleichzeitig gerät die Vernichtung des Essens irgendwann zum Exzess: Der Mensch schmeißt Rüben weg, weil sie krumm gewachsen sind. Er befördert verpackte Lebensmittel auf den Müll, weil er dem aufgedruckten Haltbarkeitsdatum mehr vertraut als seiner Nase. Oder weil – so das Dilemma öffentlicher Küchen mit besonders strikten Hygienevorschriften – er nicht weiß, wer die Verpackung berührt hat. Weil die Lager zu voll sind. Überproduktion den Preis drückt. Ein völlig neuer Schlag Aktivisten erwächst aus diesem Exzess: die *Food saver*. Essen ist zu einem Gut geworden, das gerettet werden muss. Die Essensretter steigen in die Container von Supermärkten und holen die weggeworfenen, noch guten Lebensmittel wieder raus. Sie bewegen Großhändler, ihre Überbestände für Bedürftige zu spenden. Oder fahren schlicht herum, holen schiefe Kartoffeln, verschwurbelte

Tomaten und einfach alles Essbare ab, was an irgendeiner Stelle zu viel ist. Die Hoffnung ist da, zumindest für die Optimisten unter uns: Noch könnte die Geschichte der Resteverwertung eine Geschichte der Rettung im letzten Moment werden.

1948

Hamburger, USA

Die Geschichte der Menschheit ist auch eine Geschichte der Beschleunigung. Jede menschliche Tätigkeit, jede Erfindung und Technik wird von Generation zu Generation weiterentwickelt, um noch mehr Geschwindigkeit aufzunehmen. Im Zeitalter der Industrialisierung steigt das Tempo noch rasanter. Fürchtet man noch im frühen 19. Jahrhundert, dass die geschwinde Fahrt in einer dieser neuartigen Eisenbahnen dem Reisenden die Sinne verwirren könnte, weil der Geist nicht begreifen kann, wohin sein Körper so schnell gereist ist, so erfasst den modernen Menschen in den folgenden Jahrzehnten ein wahrhaftiger Schwindel: die schneller und schneller dahinpreschende Eisenbahn, rasende Automobile. Und dann hebt er plötzlich ab.

Auch die Produktion der tollkühnen Fahrzeuge wird beschleunigt. Henry Ford lässt als Erster ab 1914 seine Autos am Fließband herstellen. Zuvor revolutioniert bereits Frederick Winslow Taylor die Arbeit in den Fabriken, indem er die Handgriffe der Arbeiter optimiert und alles Überflüssige ausmerzt – »Man schalte alle falschen, zeitraubenden und nutzlosen Bewegungen aus!« –, bis aus jedem Angestellten eine roboterhafte Effizienzmaschine geworden ist. Vor diesem Hintergrund ist es wohl nicht weiter verwunderlich, dass auch das Essen, sowohl seine Herstellung als auch sein Verzehr, Gegenstand derartiger Optimierungsfantasien wird. *Fast food* ist die Devise.

Wir bleiben in den USA, genauer gesagt in der relativ uninteressanten Kleinstadt San Bernadino, Kalifornien. Hier unterhalten zwei Brüder namens Dick und Mac McDonald einen recht gut gehenden Drive-in, auf dessen Parkplatz um die zwanzig hübsche Kellnerinnen Hamburger und eine Reihe anderer beliebter Imbissspeisen servieren. Die Brüder kurven täglich in ihrem blitzenden Cadillac durch die ruhigen Straßen und sind zufrieden. Doch nach mehreren Jahren bequemer Langeweile ergreift sie der Wunsch nach Veränderung. Ihr Geschäft soll lukrativer werden und vor allen Dingen: schneller. Sie ziehen einige radikale Schlüsse, die Taylor stolz gemacht hätten. Und taufen ihre Idee »*Speedee Service System*«.

Zunächst einmal werden die aparten Kellnerinnen, aber auch die Köche, alle weiteren Hilfskräfte im Service und die Tellerwäscher gefeuert. Dann wird die Speisekarte einer rigorosen Kürzung unterzogen. Ab jetzt gibt es nur noch Speisen, für deren Verzehr man weder Besteck noch Geschirr benötigt. Das Essen kommt stattdessen in Papiertüten, getrunken wird aus Pappbechern.

Jahrtausende werkzeuglicher Entwicklung werden hier vom Tisch gefegt, ein großes Plakat überm Eingang verkündet den neuen Stand der Zivilisation: »Kauft es in Tüten!« Übrig bleiben folgerichtig nur noch: Hamburger, Cheeseburger und Fritten. Die größten reduktionistischen Mühen werden auf die Küche verwandt, die nun eher einer Fertigungshalle gleicht. Hier arbeiten keine gelernten Köche mehr, sondern Billigkräfte. Diese setzen die Burger mit den immer selben Bewegungen zusammen, als würden sie kleine Maschinen bauen. Im Stakkato der Bestellungen: Einer brät die Burger, ein anderer legt sie auf die untere Brötchenhälfte. Jetzt, schnell, schnell, wird das Fleisch bedeckt: Senf, Ketchup, Zwiebeln, Gurken. Zweite Brötchenhälfte drauf. Fertig. Der Hamburger kostet fünfzehn Cent. Der gesamte Raum mit seinen verschiedenen Arbeitsstationen ist genauestens auf die Handgriffe und die nötigen Bewegungsräume der Angestellten angepasst, sodass Burger und Fritten in einer reibungslosen Choreographie, einer Symphonie der Effizienz, entstehen.

Mit dem Rücken zum Mann an der Burgerfertigung steht der Mann am Schalter, die einzige Arbeitskraft, die Kontakt zum Gast hat, und nimmt die Bestellungen auf. Denn das ist die nächste radikale Streichung: Der Kunde muss selbst kommen, direkt bestellen und seine warme Papiertüte selbst mitnehmen. Als die Brüder McDonald ihren Drive-in transformiert haben, verstehen die Gäste zunächst einmal: nichts. Sie stehen auf dem Parkplatz und hupen ungeduldig, nicht begreifend, warum niemand zu ihnen kommt. Doch schnell wird diese Neuerung angenommen, denn auch sie ist im Sinne höherer Geschwindigkeit: Der gestresste Büroangestellte muss in seiner Mittagspause kein Geplänkel mit einer Kellnerin erdulden, die völlig ineffiziente Wege zurücklegt, um Bestellungen aufzunehmen und Essen zu bringen. Man geht jetzt rein, bestellt und bekommt sein Essen, das man direkt und mit der Unmittelbarkeit einer intravenösen Infusion hinunterschlingen kann, ohne sich mit dem zeitraubenden Hantieren mit Besteck aufhalten zu müssen. (Wobei fairerweise festgehalten werden muss, dass ein Burger sowieso nur schmeckt, wenn man ihn mit den Händen hält und mit jedem Bissen die Gesamtheit der Burger-Architektur aufnimmt, dem Bauwerk aus Fleisch, Brot, Saucen und scharf-saurem Belag. Zerlegt man ihn mithilfe von Messer und Gabel in seine bröckelnden Komponenten, entlarvt man den Burger als gestaltlose Scheußlichkeit aus minderen Ingredienzien.)

Immer schneller, höher, weiter!, treibt der Mensch sich an und lautet der Gedanke des Fast Food. Das effiziente Essen ist zudem auch ein Kind der Nachkriegszeit, einer Ära des Aufbauens und Anpackens, in der harte Arbeit zu Anerkennung führt. Schnell essen bedeutet auch, das Individuum und seine Gelüste zurückzustellen, um nur rasch das Arbeitstier zu füttern. Es wundert nicht, dass nur wenige Jahrzehnte später, als die Schlagworte Individualität und Achtsamkeit in den Fokus rücken, das Essen wieder langsam wird und einen neuen Namen bekommt: *Slow food*.

UM 1950

Bánh mì, Vietnam

Saigon in den Fifties. Fahrräder und Rikschas fluten die breiten Boulevards. Dazwischen hupen ein paar Automobile. Inmitten des schwarmartigen Verkehrs steht ein einsamer Polizist auf einem kleinen Podest, er hebt und senkt die Arme, ohne damit große Aufmerksamkeit zu bekommen, der Dirigent eines eingebildeten Orchesters. Die Baumkronen hoher Tamarinden drücken an die Fassaden der Häuserzeilen, ihre feinen Blätter erzittern in der heißen Luft. Händler schleppen ihre Waren zum neuen *Bến Thành Market*. Helle Kegelhüte wogen auf und ab. Elegante Damen in engen Seidenkleidern sitzen unter bunten Markisen in den Straßencafés und betrachten die inmitten des geschäftigen Treibens vorbeiziehenden Flaneure. Die französische Kolonialzeit geht zwar ihrem Ende zu, doch noch ist alles durchdrungen vom *savoir-vivre* der Europäer. Das zeigt sich auch an den unzähligen Straßenständen, in deren wackligen Auslagen sich lange goldgelbe Brote stapeln: Baguettes. Hier wird das sandwichgewordene Wunderwerk vietnamesisch-französischer Fusionsküche verkauft, genannt *bánh mì*.

Wie jedes weitverbreitete Straßenessen gibt es auch beim *bánh mì* (der Begriff bedeutet übersetzt schlicht »Brot«) unzählige Varianten, doch im Kern nimmt man eben zunächst ein Baguette. Hier in Saigon ist es allerdings kürzer als das französische Original, das man in Paris wie einen knusprigen Spazierstock durch die Straßen trägt. Da der Weizenpreis in Vietnam sehr hoch ist, wird es außerdem mit Reismehl gebacken, was seine Kruste noch krosser macht. Innen bleibt es weich, ist von Mulden durchzogen, in denen sich im Ofen die dampfige, duftende Luft sammelt. Bis zu Beginn der Fünfzigerjahre isst man in Saigon dieses modifizierte Baguette gern morgens mit Butter und Zucker, außerdem wird es an den Straßenständen so zubereitet, wie es die Franzosen kennen und mögen; mit Butter, Mayonnaise oder etwas *pâté* bestrichen und mit Schinken belegt.

1954 kommt es zur Teilung Vietnams und zum endgültigen Abzug der Franzosen. Viele Vietnamesen aus dem Norden ziehen jetzt in den Süden, Saigon wird einmal neu durchgeschüttelt, was zu kulturellen Detonationen führt, die man bis in den Bauch Vietnams spürt und weiter bis hinein in die kulinarischen Extremitäten des Landes, seine Straßenküchen: Genau an diesem explosiven historischen Punkt entfaltet das *bánh mì* seine ganze ungeahnte Kraft. Das Baguette bleibt Fundament und Hülle des *bánh mì*, auch die *pâté* und Mayonnaise, geschmeidig verstrichen, bleiben erhalten. Doch nun kommen Elemente ins Innere des Brots, die in ihrer geschmacklichen Intensität eine gänzlich andere Richtung einschlagen: Chili, frische Kräuter wie Koriander, rohes Gemüse, eingelegte Gurken oder Rettich, gegrilltes Fleisch, oft auch eine spezielle vietnamesische Wurst, die mit Fischsauce gewürzt wird, oder auch eine lokale Version der Presswurst. Gern rundet man diesen Hybrid konträrer Geschmacksrichtungen noch mit ein paar Spritzern Maggi-Sauce ab, die wiederum von den Franzosen aus der Schweiz mitgebracht worden ist. Das *bánh mì* ist pure Fusion, vor allen Dingen aber ist es auf schon fast obszöne Art wohlschmeckend.

Wenn Essen ein kultureller Extrakt ist, dann zeigt sich hier jedenfalls, dass diese Essenz einer Nation ständig ihr Aussehen und ihren Geschmack ändert. »Aneignung und Anpassung sind Überlebensinstinkte der Vietnamesen«, schreibt Andrew Lam, schließlich sei Vietnam »ein Land, das von anderen begehrt und in den letzten tausend Jahren wiederholt kolonisiert und beherrscht wurde.«[33] Erst herrscht China gut tausend Jahre über Vietnam. Dann folgen Jahrhunderte der Unabhängigkeit, in denen das Land von wechselnden Dynastien regiert wird. Und schließlich kommen die Franzosen. Noch heute wird darüber gestritten, ob ein weiteres vietnamesisches Nationalgericht, die Suppe *phở bò*, etymologisch auf den kantonesischen Begriff *luc pho* für »Rindfleisch mit Nudeln« zurückgeht, oder nicht vielmehr dem französischen *pot-au-feu* entlehnt ist. Überhaupt die Sprache: Das Vietnamesische ist laut Lam eine »Verschmelzung von Französisch, Chinesisch, lokalen Khmer-, Hmong- und Cham-Dialekten und einer Reihe anderer lokaler Stammessprachen.«[34] Dieser identitäre Flickenteppich durchwebt alle Lebensbereiche und verdichtet sich besonders in der Landesküche.

Fremdes Essen bedeutet immer auch: das Fremde essen. In diesem Falle ist der französische Anteil längst verschlungen und angeeignet, als das *bánh mì* zum Verkaufsschlager wird. Seine Identität ist bereits neu geschrieben, die verschiedenen Einflüsse fusioniert. Auch das Baguette selbst hat eine eigene Geschichte der Zuschreibungen zu verzeichnen. Zwar wird es bereits um 1600 in Frankreich gebacken – und gilt lange Zeit als Brot der Oberschicht, da es so übermäßig schnell pappig und fad wird, dass man es dauernd neu kaufen muss. Doch erst die begeistert frankophilen Reisenden des frühen 20. Jahrhunderts tragen das Bild vom typisch französischen Baguette in die Welt, die Pariser Boulangerie, in der sich die frisch gebackenen *baguettes de tradition* stapeln, wird zum Sehnsuchtsort. Und so erklärt man zunächst im Ausland das lange Brot zu einem nationalen Wahrzeichen. Die Franzosen wiederum nehmen diese Zuschreibung gerne an, sie verwandeln den äußeren Blick in ihren eigenen.

So bringen die Kolonialherren ihr feudales Brot ins Land, wo die Kolonisierten es in etwas umwandeln, was man günstig in jeder Straßenküche verkaufen kann. Dann schüttelt sich dieses vielschichtige Konglomerat nationaler Identitäten kräftig durch, bis es zu etwas »typisch Vietnamesischem« wird, das seinen Fusionscharakter deutlich und stolz nach außen trägt. Als Nächstes kommt der Vietnamkrieg und spült das *bánh mì* mit den Geflüchteten in die ganze Welt. Und auch in den USA wird es berühmt und beliebt, vor allem als wichtiger Teil der aufblühenden *Food-truck*-Kultur der 1980er Jahre. Und natürlich kann man es auch heute an jeder Straßenecke Saigons – oder Ho-Chi-Minh-Citys – verzehren, während im Hintergrund eine absurd anmutende Masse drängelnder Mopeds vorbeiknattert.

1955

Toast Hawaii, Bundesrepublik Deutschland

Es ist wie ein ewiges Pendel: Auf jene Phasen, die von Entbehrung und Angst geprägt sind, reagiert der Mensch mit heißhungriger Übersättigung. Man denke nur an das Mittelalter und seine Fressgelage, die auf Dürren und verdorbene Ernten folgen. Oder an die überladenen feudalen Tafeln barocker Fürstenhäuser nach dem Dreißigjährigen Krieg. Das Deutschland der Nachkriegszeit reagiert auf das Ende des düstersten Kapitel seiner Geschichte ebenfalls mit Üppigkeit: Buttercremetorte, dick emulgierte Saucen, Mayonnaise, Eierlikör. Und natürlich der Toast Hawaii. Ein in Formbrot und Scheiblettenkäse gegossenes Symbol für die Sehnsüchte der Nachkriegszeit: die Südsee. Und gnädiges Verdrängen.

»Guten Abend, verehrte Feinschmeckergemeinde!«, eröffnet Deutschlands erster Fernsehkoch, Künstlername Clemens Wilmenrod, seine Sendung *Bitte in zehn Minuten zu Tisch*. Ein ihm eigener stolzer Spott durchhaucht all seine Handgriffe in der Fernsehküche.

Wilmenrod, von Haus aus Schauspieler, wenn auch ein erfolgloser, mit einem Hang zu fantasievollen Geldbeschaffungsmaßnahmen – Schleichwerbung und Produktplatzierung werden ihm irgendwann zum Verhängnis werden –, gilt gemeinhin als Erfinder des Toast Hawaii (wenn ihn auch höchstwahrscheinlich die Werbung eines amerikanischen Herstellers von Dosenschinken zumindest inspiriert hat). 1955 führt er zum ersten Mal vor, wie dieses zubereitet wird: Man nehme eine Scheibe leicht geröstetes Toastbrot und bestreiche es mit etwas Butter. Darauf kommt eine Scheibe Kochschinken, dann die alles entscheidende, namensgebende Zutat: Ananas, ebenfalls eine Scheibe, und zwar aus der Konserve, wo die tropische Frucht in zuckrigem Saft eingelegt ist. Darüber dann der Scheiblettenkäse. Obendrauf sorgt möglicherweise noch eine klebrig süße Cocktailkirsche für einen frechen Farbklecks. Das Schichtwerk kommt nun für ein paar Minuten in den Ofen.

Achtung: Der gratinierte Käse und der heiße Saft der Ananas, der seine süße Säure in die zerfließende Dichte der Scheiblette abgibt, verbrennen den Gaumen! Das weiße Brot saugt sich mit allem voll, verliert beim Abkühlen rasch seine Form und transformiert sich in einen Lappen, der das Verlangen nach Fett stillt wie ein tröstliches, etwas schmieriges Kuscheltuch. Was für den Geschmack der Fünfzigerjahre so neu und »exotisch« erscheint, das ist die Kombination von süß und salzig, die man so schon lange nicht mehr in der deutschen Küche kennt. Ungebremst prallen die beiden Geschmackrichtungen aufeinander. Der Toast Hawaii ist kein feinsinniges Gericht, es spielt nicht subtil mit Aromen, sondern haut sie einfach fröhlich zusammen. Die Ananas ist dabei das in Dosen konservierte Sehnsuchtsobjekt, eine spießbürgerliche Aloha-Fantasie; in der exotischen Frucht steckt allerdings tatsächlich eine große Geschichte von neuen Welten, von Expeditionen und dem Fernweh der Daheimgebliebenen. Niemand anderes als Christoph Kolumbus entdeckt die Ananas für die westliche Welt. 1493 bemerkt er auf der Insel Guadeloupe, dass vor jeder Hütte eine Frucht von bizarrer Gestalt liegt, mit stachligen Schuppen bewehrt, gekrönt von einem Büschel dicker Blätter, die sich angriffslustig sträuben. Wie sich herausstellt, fungieren die seltsamen Gebilde als Willkommensgruß. Im 17. Jahrhundert arbeiten die Niederländer in ihren botanischen Gärten und ersten Gewächshäusern an der Kultivierung der Ananaspflanze. Im 18. Jahrhundert zieht Großbritanniens Aristokratie nach und baut die Frucht in ihren Gärten an, eine kostspielige Angelegenheit: Die Schösslinge müssen in Gruben gepflanzt werden, die man mit Ziegelsteinen ausmauert und mit Glasscheiben bedeckt. Im Winter ziehen die Pflanzen in Gewächshäuser um, die mit Öfen beheizt werden. Auf den reich mit Früchten dekorierten Esstafeln gilt die Ananas als besonderes Prunkstück. Wer sie sich nicht leisten kann, leiht sie für einen Abend beim Obstlieferanten aus. Ihre bizarre Form inspiriert Porzellanhersteller, Goldschmiede und Architekten. Im 19. Jahrhundert werden die Treibhäuser größer, die Verfügbarkeit wächst. 1829 präsentiert die Pariser Ausstellung *Corporama* den staunenden Besuchern naturgetreue wächserne Nachbildungen tropischer Pflanzen und Früchte, die man bis dahin nur in pulverisierter oder trockener Form kannte (Kaffee, Kakao, Tee, Pfeffer) oder die bisher nur, wie die Ananas, in den Häusern der Elite vorhanden waren. Eine ganze Welt aus feurigen, sinnlichen Farben und Formen, fein in Wachs modelliert, scheint im Begriff, die Vitrinen zu sprengen. Ende des 19. Jahrhunderts kommt die Ananaskonserve auf den Markt, die Frucht wird zum Massengut. Zeitgleich entstehen große Plantagen auf – Hawaii.

Der Toast Hawaii nun lässt den Traum vom Palmenstrand durch die deutschen Küchen schwappen, es folgen: Steak Hawaii, Schnitzel Hawaii, Frucht-, Geflügel- und Schinkensalat Hawaii. Dazu perlt der passende Soundtrack aus den Radios: »Haiti Cherie«, »Träumen von der Südsee« oder »Rose von Tahiti« heißen die Lieder, in denen die unumgängliche Ukulele Texte begleitet, die ein erfrischendes Desinteresse an Authentizität aufweisen. Hawaii bleibt eine bewusst vage gehaltene Projektionsfläche, wie etwa in Vico Torrianis »Waikiki (Lips of Wine)«: »Blaues Meer / Palmenstrand / Waikiki / vergess ich nie. / Küsse von Hawaii / sind so zart und süß / denn nur auf Hawaii / liegt das Paradies.«

Die beruhigenden Hula-Klänge, die süße Üppigkeit der Speisen, sie sedieren sanft ein Land, das eben noch in Trümmern lag. Traumata, aber auch die dunkle Frage nach der Schuld sollen irgendwie aus dem kollektiven

Bewusstsein getilgt werden, der Versuch einer Aufarbeitung wird erst viel später folgen. Für den Moment nimmt man lieber eine Scheibe amerikanischen Toastbrots, eine überzuckerte Südfrucht, fettigen Industriekäse und dazu noch den lang entbehrten Kochschinken, um ein Gericht zu schaffen, das Modernität, Weltoffenheit und vielleicht sogar ein Stück Erlösung im Paradies verheißt. Knapp zehn Jahre nach dem Ende der NS-Gräuel und einem Weltkrieg von unvorstellbarer Brutalität gerät der Toast Hawaii so zu einer kleinen Meditation über die menschliche Fähigkeit des Vergessens.

1958
Volks-Nudelsuppe, Volksrepublik China

Unvorstellbarer Krach erschüttert jeden Winkel Chinas in diesem Frühling 1958. Blechern tönt es von den Dächern, aus kleinen Gassen, von den Feldern. Ab vier Uhr morgens ist jeder Chinese, der fünf Jahre oder älter ist, auf den Beinen, nimmt seine vorher vom strategischen Hauptquartier exakt festgelegte Position ein und beginnt in völliger Enthemmung auf Töpfe, Bleche und eben alles, was Krach macht, einzudreschen und dabei schrille Schreie auszustoßen. An diesem Tag verteidigt China sein Essen. Zumindest glaubt es das.

Denn der Vorsitzende Mao erklärt überall, dass China derzeit von vier Plagen heimgesucht werde: Stechmücken, Fliegen, Ratten, Spatzen. Alle vier schleppen angeblich Krankheiten ein und fressen dem Menschen Nahrung weg. Die Spatzen sind nach Ansicht Maos die größte Gefahr, er ist sicher, auch wenn sich das später als Irrtum erweisen wird, dass sie die Ernte von den Feldern fressen und auch vorm Saatgut in den Scheunen nicht haltmachen. Deshalb ruft er zur Spatzenjagd auf, nur eine von vielen bizarren Aktionen innerhalb seiner Kampagne »Großer Sprung nach vorn«. Der infernalische Krach bewirkt, dass die Vögel Angst haben, sich irgendwo zum Ausruhen niederzulassen. Das Konzept geht auf: Drei Tage lang regnet es kleine Vögel, die vor Erschöpfung im Flug verenden. Die Gewinner dieser beispiellosen Ausrottung sind die Heuschrecken, die sich nun so ganz ohne ihren Fressfeind explosionsartig vermehren und wirklich die Felder leer fressen.

Eine schlechte Idee? Oh ja, und es kommen noch mehr. Denn Mao will den gesamten ländlichen Raum neu ordnen, ein sozialistischer Geist soll das Volk durchdringen – also befiehlt er die Zwangskollektivierung. Die Bauern werden enteignet, ihre Küchen leer geräumt, alle Woks, Töpfe, Schüsseln mitgenommen, die Kochstellen zerstört. Ab jetzt essen die Genossen in der Volkskantine. Und zwar so viel, wie sie wollen. Euphorisch verkündet das Parteiblatt der Kommunisten: »Die Volkskommune … wird in nicht allzu ferner Zukunft ihre Kommunenmitglieder in ein Märchenland führen, wie es bisher in der Geschichte einmalig ist. Es wird ein Reich der Freiheit erstrahlen, in dem jeder nach seinen Möglichkeiten arbeitet und alles bekommt, was er braucht.«[35]

Auf den aus Bauernhäusern entwendeten, bunt zusammengeschmissenen Stühlen und Hockern sitzen nicht minder zusammengewürfelte Kollektive beisammen und staunen über die Fülle an Gemüse, Reistöpfen, Nudelsuppen, gedämpften Brötchen, dickem Haferbrei und Schweinefleisch (angeblich Mao Zedongs Lieblingsessen, das ihm täglich zubereitet wird: rot geschmorter Schweinebauch, langsam gegart in einer Flüssigkeit aus Sojasauce und Shaoxing-Reiswein, versetzt mit Ingwer, Frühlingszwiebeln, Zimt, Sternanis und Lorbeerblättern). Niemand begreift so recht, wo diese verschwenderischen Mengen auf den Tellern herkommen – vor allem, weil kaum noch auf den Feldern gearbeitet wird, da die Bauern mit einer anderen Mission alle Hände voll zu tun haben. Denn als weitere kühne Maßnahme ordnet Mao an, dass im ganzen Land Hochöfen errichtet werden. Die wackligen, von Amateuren zusammengeschraubten Konstruktionen stehen auf allen Hinterhöfen Chinas, und sie sollen Tag und Nacht befeuert werden. Damit will der Vorsitzende eine machtvolle industrielle Revolution in Gang setzen. In fünfzehn Jahren, so seine an Optimismus nicht zu überbietende Prognose, wird Chinas Stahlindustrie stärker als die Englands sein. In die Schlünde ihrer improvisierten Hochöfen werfen die Chinesen voller Vertrauen alles rein, was sie zum täglichen Leben benötigen: Woks und Töpfe. Geräte, die man für die Landwirtschaft braucht. Heraus kommen bizarr verschmolzene Klumpen: völlig unbrauchbares Material. Die Zukunft eines Landes, deformiert und kaputt wie eine nutzlose Schrottskulptur.

Vermutlich sind die ersten Anzeichen für die nun folgende Katastrophe direkt in den Volksküchen spürbar. Nachdem sich bisher jeder so oft nachnehmen konnte, wie er Lust hatte, und trotzdem noch Reste sorglos weggeworfen wurden, ist das Essen bald rationiert. Subtile Macht-kämpfe spielen sich an der Suppenausgabe ab: Manche Köche rühren den Topf mit der Nudelsuppe nicht rich-tig um und geben nur die dünne Brühe aus dem oberen Teil aus. Lediglich bevorzugte Kantinengäste bekommen das, was an reichhaltiger Einlage auf dem Grund des Top-fes liegt. Nachts müssen nun Gärten und Felder bewacht werden, um diese vor Diebstahl zu schützen. Dann gibt es nur noch Brötchen aus Mais mit Baumrinde. Wässrigen Getreidebrei. Wurzeln statt Nudeln.

Und die Ernte kann nicht mehr eingebracht werden. Der »Große Sprung nach vorn« wird zum freien Fall in die absolute, schwärzeste Katastrophe. Maos neue Ord-nung des ländlichen Raums ist Auslöser der schlimmsten Hungersnot der Menschheitsgeschichte.

Spätestens seit dem 19. Jahrhundert gilt die Versor-gung der Bürger in weiten Teilen der Welt als oberste Staatspflicht, der Hunger ist ein Problem, dessen Lösung dem jeweiligen staatlichen System obliegt. Maos Kampa-gne ist ein furchtbarer Bruch mit dieser Pflicht. Wieder einmal wird Essen für politische Zwecke missbraucht – als dreiste Propaganda und als Mittel zur Täuschung der Bürger, die sich in den Volkskantinen die Bäuche voll-schlagen, weil niemand ihnen sagt, dass sie da gerade die einzigen vorhandenen Vorräte aufessen. Seinen Fehler gesteht der Große Vorsitzende natürlich nicht ein. Im-merhin: Nach ein paar Jahren werden die Spatzen (die, die noch da sind) aus der Schusslinie genommen. Zum neuen Volksfeind wird die Bettwanze erklärt.

1969
Dehydrierte Hühnersuppe, Weltall

Der Mensch will entdecken. Der Mensch muss essen.
Letzteres stellt ihn immer wieder vor Herausforderun-
gen. Die Konserve hat den Menschen bis zum Nordpol
gebracht, aber nun will er auch noch ins Weltall. Dieses Unterfangen verlangt nach einer völlig neuen Art
der Verpflegung. Zunächst allerdings muss etwas sehr
Grundlegendes geklärt werden: Als der Russe Juri Gagarin 1961 als erster Mensch überhaupt für eine Stunde
in den Weltraum reist, ist man sich durchaus nicht ganz
sicher, ob der menschliche Organismus im Zustand der
Schwerelosigkeit überhaupt Nahrung aufnehmen kann –
oder ob der Kosmonaut nicht einfach ersticken wird.
Man kann sich vorstellen, dass Gagarin seinen Proviant,
eine Tube püriertes Fleisch sowie eine Tube Schokoladensauce, mit eher gemischten Gefühlen zu sich nimmt.
Doch alles geht gut, Gagarin kehrt wohlbehalten auf die
Erde zurück. Und die US-Amerikaner, ziemlich ange-
fressen ob des russischen Erfolgs, kündigen an, dass sie

die Ersten sein werden, die einen Mann auf den Mond schicken.

Eine Expedition zum Mond in einer Rakete des 20. Jahrhunderts dauert ungleich kürzer als jene Reisen zum Nordpol hundert Jahre zuvor, bei denen ganze Schiffe voller Konserven mitgeführt werden müssen. Für diese erste Mondmission braucht man einen Vorrat für acht Tage, um die drei Astronauten Neil Armstrong, Buzz Aldrin und Michael Collins zu versorgen. Allerdings: Der Platz für die Vorräte ist begrenzt, und auch wenn man im Weltraum nun bewiesenermaßen essen kann, so stellt die Abwesenheit der Schwerkraft die Entwickler der Astronautennahrung doch vor gewisse Probleme. So kann etwa ein Brot zur tödlichen Bedrohung im Kosmos werden, denn: Es krümelt. Die winzigen Partikel der knusprigen Kruste würden herumschweben, ziellos und unkontrollierbar, um im schlimmsten Fall empfindliche Gerätschaften oder Filter innerhalb der hochkomplex konstruierten Rakete zu verstopfen und lahmzulegen. Das Brot, eines der ältesten und wichtigsten Nahrungsmittel des Menschen, muss auf seinem Heimatplaneten zurückgelassen werden. Die Speisen müssen also so beschaffen sein, dass keine Teile von ihnen losfliegen, sobald man sie auspackt oder davon abbeißt. Sie sollen die vom Muskelschwund bedrohten Körper der Astronauten bestmöglich mit Eiweißen, Fetten, Vitaminen und Kohlenhydraten versorgen, aber ohne Ballaststoffe auskommen.

Die allerersten Astronauten, so wie Gagarin, drücken sich ihre leicht verdauliche und nährstoffreiche Kost in

Form von Pasten aus Metalltuben direkt in den Mund. Man experimentiert auch mit Gerichten, die in mundgerechte Würfel gepresst werden. Bevor der erste Weltraumflug gelingt, fantasiert man in Russland davon, Nahrung in kleinen Pillen zu konzentrieren; ein alter Traum, der aus dem späten 19. Jahrhundert stammt, ein Kind der Industrialisierung, das noch die verheerenden Hungersnöte seiner Ära kennt. Doch diese Superpille bleibt ein unerreichter Traum. Noch vor der ersten Mondlandung hat die Astronautennahrung ihr erstes Stadium der Tuben und Würfel bereits überwunden, und zwar wohl hauptsächlich, weil diese Art Essen zu fremd, zu technisch ist. Wenn der Mensch auch zu den Sternen reist, so soll er doch Mensch bleiben, mitsamt seinen zivilisatorischen Errungenschaften: »Unglaublich, aber wir haben hier Hühnersuppe!«, verkündet Astronaut Collins per Funk, mit der irritierenden Euphorie eines Reisenden, der sein Nationalgericht in einer Touristenfalle inmitten einer fremdländischen Stadt entdeckt.

Dehydration, Gefriertrocknung, so lautet die Lösung. Auf der Apollo 11 werden etwa Rindereintopf, Spaghetti mit Hackfleischsauce, Früchtebrot und Wurstsalat als getrocknetes Pulver in Plastikbeuteln mitgeführt, in das man nur etwas warmes Wasser füllen muss. Den Beutel durchkneten, und: Hühnersuppe! Auch Kaffee liegt in Beuteln bereit, schwarz, mit Sahne oder Zucker. Die Astronauten trinken ihn gerne, während sie in einem Moment der Ruhe den Blick auf die Erde genießen. Armstrong und Aldrin trinken ihn auch als Abschluss ihres ersten

Menus auf der Mondfähre (Speckstücke, Pfirsiche, Keks-
würfel, Ananas-Grapefruit-Saft). Diese ritualstiftende
Kraft von Essen und Trinken erfährt eine weitere Über-
spitzung, als die Fähre auf der Oberfläche des Mondes an-
dockt: Buzz Aldrin hat eine Hostie, so klein wie ein Fin-
gernagel, und eine Miniaturflasche Wein mitgeschmug-
gelt, die er jetzt zum ersten Abendmahl im All hervorholt.

Die Astronautennahrung wird nur von einem sehr
kleinen Kreis Menschen konsumiert. Doch sie prägt bis
heute unser Bild, das wir von dem Essen der Zukunft
haben. Gerade ihre frühe Form, die Tuben, gepressten
Würfel und Pülverchen, finden immer wieder Eingang
in futuristische Visionen. Gleich im Jahr 1973 erzählt
der Film *Soylent Green* von der noch weit entfernten
Zukunft des Jahres 2022, in der zumindest der arme
Teil der Weltbevölkerung sich von synthetischen Täfel-
chen in den Farben Rot, Gelb und Grün ernährt, wobei
das letztere Konzentrat, so der dystopische Horror, aus
Menschenfleisch gewonnen wird. Um einiges heiterer
gestimmt wirft 1997 Milla Jovovich alias Leeloo Minai
Lekatariba-Lamina-Tchai Ekbat De Sebat in *The Fifth
Element* nun doch eine Superpille in den Ofen, um nur
Sekunden später ein riesiges brutzelndes Brathühnchen
samt Gemüsedekoration aus selbigem zu ziehen. Und in
The Force Awakens (2015), irgendwo in der düsteren Welt
des *Star-Wars*-Universums, lässt Schrottsammlerin Rey
nach einem stressigen Tag ein Pulver in heißes Wasser
rieseln, aus dem daraufhin ein Brotlaib erwächst, wie ein
Stück tröstliche Heimeligkeit.

Der Weltraumreisende entfremdet sich von der Erde, die plötzlich so unermesslich weit weg ist. Er entfremdet sich auch von seinem eigenen Körper; in der Schwerelosigkeit treibend schwinden seine Muskeln, sein Kopf schwillt an. Er verliert seinen Geschmackssinn, da Astronauten aufgrund der fehlenden Schwerkraft offenbar permanent verstopfte Nasen haben. Deshalb schmeckt auch die ursprünglich vertraute Hühnersuppe, durch die Dehydration sowieso schon dekonstruiert, fremd und fad. Er kann nachwürzen, mit etwas Salzwasser und in Öl aufgelöstem Pfeffer (Salz und Pfeffer sollten genauso wenig wie Brotkrümel im Innern der Rakete umherschweben). So wird die Suppe im Plastikbeutel vielleicht doch noch etwas präsenter, um diesen fremden Körper das schmecken zu lassen, was ihn an sein Zuhause erinnert. Auch die Zukunft hat ihre nostalgischen Momente.

Das Buffet, Bundesrepublik Deutschland

»Bei der heißen Schlacht am kalten Buffet / Da zählt der Mann noch als Mann / Und Auge um Auge, Aspik um Gelee / Hier zeigt sich, wer kämpfen kann ... Eine Dame träumt lächelnd vom Heldentod / Gebettet in Kaviar und Sekt / Derweil sie, was übrigzubleiben droht / Blitzschnell in die Handtasche steckt«, so singt es Chansonier Reinhard Mey Anfang der Siebziger. Dank der Ära des Wirtschaftswunders haben es viele bürgerliche Haushalte der Bundesrepublik zu Stabilität und bescheidenem Wohlstand gebracht. Nach den politisch und menschlich düsteren Jahrzehnten feiert man wieder gern. Familienfeste, Jubiläen, Geburtstage – alles bietet einen willkommenen Anlass, eine Gästeschar in die eigene Wohnung zu laden. Allerdings: Für ein gesetztes *dîner*, wie es den vorigen Generationen noch als Ideal vorschwebt, mit Sitzordnung, heißen Speisen und geplätteten Damastservietten, fehlen der Platz und nicht zuletzt das Personal. Der Beruf des Dienstmädchens etwa stirbt allmählich aus. So kommt eine Form des Essens in Mode, die es vorher zwar bereits gibt, aber jetzt genau zu Umständen und Zeitgeist passt: das Buffet.

»Ein kaltes Buffet ist bei manchen Festen nicht nur angenehm für die Gäste, sondern auch praktisch für die Hausfrau«, heißt es in der *Kalten Küche von A–Z* aus dem Jahre 1977. »Außerdem ermöglicht es die Bewirtung zahlreicher Gäste auch in kleinen Räumen.« Unentwegt klingelt es also am Samstagnachmittag bei Tante Gudrun und Onkel Günther an der Tür, sie feiern heute ihre Silberne Hochzeit. Die Wohnung im modernen Nachkriegsbau ist herausgeputzt, die wandfüllende Schrankwand mit eingebauter Mini-Bar auf Hochglanz poliert, soeben wurde die erste Schallplatte aufgelegt. Am Morgen hat Onkel Günther unter fröhlichem Trara den Esstisch an die Wand gerückt, denn so empfiehlt es unser praktischer Ratgeber: »Den größten Tisch des Hauses an der Wand oder in der Zimmermitte aufstellen – auf jeden Fall so, dass der Weg zum Buffet, am Buffet entlang und vom Buffet zum Sitzplatz zurück möglichst frei ist.«[36]

Diese hemdsärmelige Form der Speisenpräsentation dürfte den Eltern Onkel Günthers noch fremd gewesen sein. In Louis Fritzsches *Illustrierter Tafelkultur* von 1918 etwa wird das Thema Buffet ebenfalls behandelt, allerdings ist es eher als ein Notbehelf zu sehen, es ist für Situationen gedacht, in denen die feine Tafel nicht möglich ist – zum Beispiel, weil man ein Hauskonzert veranstaltet, zu dem »so viele Einladungen ergehen, dass die vorhandenen Räume nicht erlauben, die Teilnehmer an Tischen zu placieren.« Nun müsse eben ein Buffet her, und diesen Makel solle man durch eine besonders pompöse Aufmachung kaschieren, am besten stelle man mehrere Blumenbouquets auf, des Weiteren schlägt Fritzsche vor, ein orientalisches Zelt über das Buffet zu spannen. Und: »Zur Bedienung eines solchen Buffets (…) gehören etwa sechs Personen.«[37]

Nun, Tante Gudrun ist dem Tipp des zeitgemäßeren *Kalte-Küche*-Ratgebers gefolgt und hat mehrere Lagen Abdeckfolie auf dem Tisch ausgebreitet, die es billig im Fachgeschäft gab. Die Speisen hat sie hauptsächlich am Vortag zubereitet, sie werden allesamt kalt gegessen (eine weitere Vereinfachung: kein Spiel mit unterschiedlichen Temperierungen auf dem Teller, auch kein begleitender Duft aus dem noch heißen Backofen). Und selbstverständlich wird niemand am Buffet stehen, um die Gäste dort zu bedienen. Jeder nimmt sich selbst, dafür gibt es ja die Laufwege um den Tisch herum, damit das eingangs erwähnte schlachtähnliche Gedränge vermieden wird und jeder seinen voll beladenen Teller sicher durch den Raum tragen kann. Irgendwo setzt man sich hin und findet ins Gespräch zurück oder beginnt eine neue Plauderei. Die traditionelle Konversation bei Tisch findet hier jäh ein Ende, steht doch immer wieder jemand auf, um sich einen Nachschlag zu holen, was jegliches stringentes Gespräch auflöst und zu einer lockeren Kultur des Schwatzens führt.

Das Buffet ist ein Befreiungsschlag von allen erstarrten Tafelkonventionen, die sich über die letzten Jahrhunderte entwickelt haben. Kein choreographiertes Schreiten »zu Tisch!«, an dem der Herr des Hauses den Vorsitz hat und bestimmt, wann das Essen beginnt und wieder endet. Keine unzähligen Bestecke mit verschiedensten Funktionen. Niemand, der die Speisen auf- und abträgt. Diese Demokratisierung hat etwas Leichtes und Verspieltes. Während es beim Fast Food um radikale Reduzierung geht, erstrahlt das Buffet in überladener Festesfreude, das drückt sich auch in der immer größer werdenden Anzahl an bunten Spießchen aus, mit denen all die Häppchen dekoriert werden können. Buffetklassiker wie Mettigel, Fliegenpilztomaten, Käseigel, die mit der Spritztülle gefüllten Russischen Eier oder auch Pumpernickelspieße entstehen infolge dieses fast infantilen Hangs zum Vernisedlichen und Verharmlosen des Essens.

So stehen Tante Gudruns Speisen bereit, allesamt sorgfältig mit bunten Fähnchen versehen, wie aufgespießte Artefakte in einer Museumsvitrine. Während ein in mehreren Gängen aufgetragenes Festmahl einer Oper in aufeinanderfolgenden Akten gleicht, drängen hier Vorspeise, Hauptgang und Dessert in kunterbunter Gleichzeitigkeit nach vorn. Trotzdem sind sie von links nach rechts angeordnet, in Leserichtung: Es gibt kalte Suppe aus Rote Bete, Puterbrust mit drei verschiedenen Preiselbeersaucen, drei verschiedene Reissalate (einmal mit Räucherfisch, einmal mit Tomaten, einmal mit Curry und Hühnchen), Hackbraten vom Blech, zwei Käsezubereitungen (einen angemachten Camembert, außerdem eine Roquefortcreme). Frische Ananas bringt einen

Hauch Exotik. Rechts außen, bevor das Arrangement von einer großen Bowle abgeschlossen wird, thront eine Sahnetorte mit Kirschen.

Die meisten Gäste befolgen die Reihenfolge der aufgestellten Speisen. Doch je nachdem, wann man sich zum Buffet aufgemacht hat, steht der eine schon beim Dessert, während die andere sich gerade die kalte Suppe nimmt – eine weitere Auflösung der Konvention, nach der jeder Menügang wohl orchestriert zur selben Zeit von der gesamten Tischgesellschaft eingenommen wird. Entscheidungsfreiheit für alle Gäste und Gastgeber. Nur eine Konvention, ein Ritual, gehört zum Buffet dazu und hält sich bis heute. Bis sich nämlich eine gewisse Anzahl der Gäste versammelt hat, dürfen die aufgebauten Speisen nicht angerührt werden, sie warten erstarrt in ihrer possierlichen Aufmachung. Erst wenn der Gastgeber es für angemessen hält, spricht er die erlösenden Worte, die den unsichtbaren Vorhang zur Seite schieben: »Das Buffet ist eröffnet!«

1976

Gatsby sandwich, Südafrika

Die Geschichte beginnt mit einem länglichen Weiß-
brot, so dick und lang wie ein Arm, das einmal längs
aufgeschnitten wird. Jetzt kommt der Belag: *Polony*, also
eine Wurst, die Mortadella ähnelt, dazu eine ordentli-
che Ladung Pommes frites, gebratene Eier und Salat,
alles in reichlicher Menge. Zum Salzigen und Frischen
soll noch Schärfe, zum Beispiel in Form des ursprünglich indischen *achar* (in Essig, Öl, Chili und verschiedene Gewürze eingelegte Früchte und Gemüse) oder
der *Peri-peri*-Sauce, die hauptsächlich aus sehr scharfen
Chilischoten und Knoblauch besteht. Um überhaupt hi-
neinbeißen zu können, muss man das mehrschichtige
Monster kräftig in die Hände nehmen und zusammen-
drücken, sodass einem die Infusion aus sauerscharfem
Fett blitzschnell in den Mund schießt, ein Faustschlag jener Interkulturalität, die Südafrikas kulinarische Bandbreite bestimmt. Es wird in den kommenden Jahren viele
verschiedene Varianten des sogenannten *Gatsby sand-*

wich' geben, aber zwei Dinge haben alle gemeinsam. Nachdem es fertig belegt ist, wird das ungetüme Sandwich eingepackt, man verspeist es nicht vor Ort. Und es wird immer durch vier geteilt.

Das *Gatsby* ist untrennbar verknüpft mit Athlone, einem Vorort von Kapstadt. Bis in die 1950er gibt es hier nur Sand, dichtes Gestrüpp und ein paar Bauernhäuser mit kleinen, trockenen Gemüseäckern. Dazwischen streichen Antilopen umher. Im Zuge der *Group Areas Acts* wird dieser unwirtliche Flecken Erde dicht besiedelt, und zwar mit *people of color*, die in Zeiten der Apartheit aus den zentral gelegenen Stadtgebieten gedrängt und zwangsumgesiedelt werden. Apartmentanlagen, kleine Häuser und Hütten erstrecken sich jetzt über das staubige Land. Da Athlones neue Einwohnerinnen nun mühevoll zu ihren schlecht bezahlten Jobs in der Innenstadt pendeln müssen, bleibt nicht mehr viel Zeit zum Kochen. In der Nachbarschaft entstehen deshalb lauter Imbisse, die günstiges Essen zum Mitnehmen anbieten. Die *Takeaway*-Kultur ist in Südafrika politisch geprägt, denn: Schwarze Menschen dürfen bis in die Neunzigerjahre in der Regel nicht in Restaurants essen.

Ausgerechnet im Jahr 1976, dem Jahr also, in dem der Aufstand in Soweto brutal niedergeschlagen wird und landesweite Unruhen innerhalb der Schwarzen Bevölkerung auslöst, wird das *Gatsby* erfunden. Die Legende geht so: Rashaad Pandy, Betreiber eines *Fish-and-chips*-Imbisses in Athlone, hat vier Männern, die ihm beim Aufräumen eines kleinen Grundstücks geholfen haben, zum Dank eine Gratismahlzeit versprochen. Leider ist in seinem Laden so gut wie nichts mehr da, deshalb kreiert Pandy in einem Augenblick kulinarischer Erleuchtung ein Riesensandwich aus Resten, eben Wurst, Pommes Frites, Salat, gebratenen Eiern und *achar*. In der Urversion füllt er damit den runden Laib eines portugiesischen Brots. Das schneidet er in vier Teile. Einer der Arbeiter beißt hinein und erklärt begeistert, dass dieses Ding ein *Gatsby smash* sei, wohl in Anspielung auf den überwältigenden Reichtum des *Great Gatsby*. Die Verfilmung mit Robert Redford läuft dieser Tage im Kino. Am nächsten Morgen bietet Pandy seine Kreation bereits unter dem Namen *Gatsby* zum Kauf an. Mehrere Kunden erklären, das runde Brot schlecht halten zu können, also verwendet der Ladenbesitzer von nun an längliche Brote. Egal, ob die Geschichte sich genau so zugetragen hat – so wird sie seither erzählt, sie ist Teil des *Gatsby*, und es ist eine Geschichte der Kollaboration: Einer erfindet das Gericht als Dankesgeste, eine weitere Person prägt den Namen, und noch andere entwickeln die Form weiter. So ist das *Gatsby* ein Gemeinschaftswerk durch und durch, bis hin zu seinem Verzehr. Aufgrund seiner Dimension wird es immer geteilt, und zwar wie beim ersten Mal durch vier. Man nimmt es nach seiner Zubereitung also mit, denn drinnen darf man es nicht essen, um es anderswo im Kreis einer Gruppe zu konsumieren. So steht das *Gatsby* gleichzeitig für Ausgrenzung und Gemeinschaft.

Das *Gatsby sandwich* bleibt auch in den folgenden Jahren ein Produkt der Community, das jeder mit seinen Ideen bereichern darf – in einer Zeit der Unterdrückung entsteht hier etwas, wo jeder frei mitbestimmen kann. So gibt es das Sandwich auch mit einem Steak belegt, das mit Masala gewürzt wurde. Es gibt Versionen mit Hühnchen und Käse, mit ganzen Würsten oder mit Gulasch. Pandy selbst bietet es neben der ersten Version auch mit frittiertem Fisch oder Calamari an. Alle eint die Furchtlosigkeit in der Verwendung vieler und fettreicher Zutaten (Pommes Frites sind immer dabei), welche verschiedenen kulturellen Einflüssen entspringen, sowie die mutige und allein nicht zu bewältigende Größe des Gerichts.

Athlone entwickelt sich in den Achtzigern zu einem Zentrum des Widerstands gegen das herrschende *weiße* Regime. Die lokalen Imbisse bleiben an den Tagen großer Kundgebungen bis spätabends geöffnet, damit die Aktivistinnen nachher noch essen können. Man kann sich gut vorstellen, wie mehrere *Gatsbys* über die Theke wandern, um in viele Stücke geteilt in den gestikulierenden Händen der Demonstrierenden zu landen, während weiterdiskutiert und geplant wird. Schon in der römischen Antike versuchte die herrschende Oberschicht immer wieder, die Tavernen der Plebejer zu schließen, aus Angst vor Konspiration. Hier in den Ghettos und Townships Südafrikas gibt es diese Orte nicht, dafür entstehen kommunikative Räume im gemeinsamen Verzehr des Sandwichs, das gemacht wurde, um es zu teilen. Essen stiftet eben Gemeinschaft – und nährt gemeinschaftlichen Widerstand.

Einige Jahre nach dem Ende der Apartheit taucht das *Gatsby* dann plötzlich in der öffentlichen Diskussion auf. Eine weiße Foodstylistin und Köchin, selbst in Kapstadt geboren, präsentiert in einem Video eine eigene Version des Sandwiches, mit gehacktem Spinat, Curry, Mayonnaise, Kartoffelecken, Pflaumenchutney und Rucola, das alles in die eurozentrische Umarmung eines Ciabattas gedrückt. Die Einwohner der Kapstädter Vorstädte laufen Sturm ob dieses Akts der Aneignung. Denn die kollaborative Offenheit des *Gatsby*, sie gilt eben wiederum nur für eine bestimmte Community. Das *Gatsby* steht für jenen Teil der Gesellschaft, der endlich doch aufbegehrt hat, es steht für einen lokalen Stolz auf genau den Ort, an dem es entstanden ist. Wenn man heute nach Athlone fährt, fällt jedem Besucher sofort das Bild an einer großen Hauswand ins Auge, untertitelt mit den Worten: *»Home of the Gatsby«*.

Flüssige Olive, Königreich Spanien

Das Millennium naht. Weltweit fürchtet man einen technologischen Kollaps in der Nacht des Jahrtausendwechsels. Dann der Schock des elften Septembers, für viele ein grundlegender Einschnitt. Im Radio läuft rund um die Uhr derselbe depressive Song von Enya, und man blickt wieder angsterfüllt auf die Monstrosität dessen, wozu der Mensch fähig ist. Irgendwann in diesen Jahren allgemeiner Endzeitstimmung beginnen Gourmetkritiker von einem völlig neuartigen Essen zu schwärmen.

Die Rede ist von einem raffinierten Spiel mit Erwartungen und alten Wahrnehmungsmustern: was man süß wähnt, ist bitter, was fest sein soll, zerfließt, was heiß dampft, ist schockgefrostet. Es geht um Espuma, Sphären und Texturen. Teller versinken in dramatischen Kunstnebeln. Und wer nichtsahnend eine vermeintlich banale Erbsensuppe löffelt, muss erfahren, dass diese das Produkt einer ausgefeilten Dekonstruktion ist; eine Erbse löst sich in schaumige Luft auf, während sich eine weitere Erbse als Eis entpuppt und die nächste zwischen den Zähnen zerplatzt.

Zentrum dieser avantgardistischen Kochkunst, die sich »Molekularküche« nennt, ist das *El Bulli*, ein Restaurant am Rande einer malerischen Bucht an der Costa Brava. Einst eine Strandbar, die unter der kreativen Leitung Ferran Adriàs zu einem Dreisternelokal aufsteigt – nachdem er erst die Küche des ehemaligen Chefkochs adaptiert, beginnt Adrià Mitte der Neunziger mit seinen ersten Experimenten. An einem einzigen Tag im Januar wird, so erzählt man sich ehrfürchtig, eine Telefonleitung für Reservierungen freigeschaltet. Nach einer halben Stunde sind alle Tische fürs laufende Jahr vergeben. Die wenigen Augenzeugen des katalonischen Spektakels berichten von geschäumtem Rauch, Kaviar aus Melonensaft, zerfließenden Kroketten, Karottenluft, einem Ballon aus hauchdünnem Gorgonzola oder zarten Blättern, gepresst aus dehydriertem Mangopüree. Serviert werden die dreißig Gänge dekonstruierter Speisen in einem – weiterer Erwartungsbruch – erstaunlich altmodischen Interieur. Der Gastraum wirkt wie das Esszimmer einer in die Jahre gekommenen Hacienda, mit ornamentalen Bodenfliesen, schweren dunklen Holzstühlen, roten Samtkissen und knarzigen Deckenbalken. In dieser staubigen Zeitkapsel soll die Zukunft des Essens beginnen.

Ein ikonisches Gericht aus Adriàs Kochlabor: die sphärisierte Olive, ihr Bauplan entsteht kurz nach der Jahrtausendwende. Demzufolge werden Oliven entkernt und püriert, anschließend durch ein Tuch gedrückt, bis nur noch Saft übrig bleibt. Dieser Saft wird mithilfe eines kleinen Portionierlöffels in ein Bad aus kaltem Wasser und Alginatpulver gegeben. Das Kalziumchlorid der Olive setzt sich sofort von dem Alginat ab und bildet eine feste Haut um die Flüssigkeit – schlichte Chemie. Die neuen, körperlosen Oliven werden aus dem Bad geholt und in ein Einmachglas gegeben, das ganz traditionell mit Olivenöl, Rosmarin und Zitronenstücken gefüllt ist. Derart getarnt als langweilige eingelegte Olive wird sie am nächsten Tag serviert. Der Kellner fischt eine heraus und reicht sie dem zunächst irritierten Gast auf einem Löffel. Dann die Überraschung, der Bruch mit dem Erwartbaren. Im Mund explodiert die falsche Olive und ruft Gesichtsausdrücke frenetischen Entzückens hervor. Denn was da am Gaumen zerplatzt, ist nur noch Aroma, intensiv, salzig, die Reinheit des Olivenseins. Oder wie Marc Bittman, Kolumnist der *New York Times*, staunend und völlig frei von Ironie kommentiert: »*An olive made of an olive. This is life-imitating art.*« (Eine Olive, gemacht aus einer Olive. Das ist Kunst, die das Leben imitiert.)

Essen als Kunst, als avantgardistische Kunst: Nicht umsonst wird Ferran Adrià als erster Koch überhaupt eingeladen, auf der *Documenta 12* im Jahr 2007 seine Gerichte zu präsentieren. Dass er kurz vor Beginn der Ausstellung recht eigenbrötlerisch verlautbaren lässt, nun doch nicht nach Kassel zu kommen, weil er dort unmöglich das erreichen könne, was er im *El Bulli* schaffen würde, tut der weltweiten Bewunderung seiner Kreationen keinen Abbruch. Noch vier weitere Jahre, bis das

Restaurant 2011 schließt, versuchen seine Anhänger alles, um einen Abend lang auf einem der fünfzig unbequemen Stühle Platz nehmen und jenes Essen kosten zu dürfen, welches das Leben imitiert.

Natürlich argumentieren die Molekularköche, dass sie die Essenz dessen, was ein Produkt ausmacht, einfangen würden. Dass sie, indem sie ein Gericht in einen aromatischen Schaum verwandeln, diesem huldigen, es zu einer Idee erhöhen. Essen wird zu einem intellektuellen Erlebnis. Vor allen Dingen aber kennzeichnet das Kochen an der Petrischale einen gigantischen Moment der Entfremdung zwischen dem Menschen und dem, was er isst.

Es ist sicherlich kein Zufall, dass die molekulare Gastronomie ihre größte Zeit in jenen Jahren erlebt, in denen der Mensch so rücksichtslos und fatalistisch seine Umwelt zerstört wie noch nie. Er hat den Bezug zur Natur völlig verloren. Mit der Pipette in der Hand lacht er der Schöpfung ins Gesicht; deine Oliven hängen vielleicht seit Jahrtausenden an den Bäumen, aber wir können eine Olive machen, die im Mund explodiert, ha! Effekthascherei und Techniken der Mimese finden schon lange auf den Speisetafeln statt, man denke nur an die Kochkunst der Antike. Neu ist die Verwandlung von Nahrung in eine schwerelose Substanzlosigkeit. Mit seinen Schäumen und Trockennebeln höhlt Adrià das Essen aus, er entkörperlicht es, bis es als Schimäre über den Tellern schwebt.

Ist der Mensch des neuen Jahrtausends in der Zukunft angekommen?

1999

Nackter Lammbraten, Vereinigtes Königreich Großbritannien und Nordirland

»*It's gonna be simple. It's gonna be tasty. It's gonna be fun.*« (Es wird einfach sein. Es wird schmecken. Es wird Spaß machen.) Mit diesen Sätzen verkündet ein knapp vierundzwanzigjähriger englischer Koch namens Jamie Oliver sein Programm. 1999 geht er das erste Mal mit seiner Fernsehshow *The Naked Chef* bei der BBC auf Sendung. Und ahnt vermutlich noch nicht, was er alles auslösen wird. Die uralte Kulturpraxis des Kochens hat schon vor Jahrzehnten den Wandel zum medialen Ereignis vollzogen. Mittlerweile ist sie eine feste Größe des alltäglichen Fernsehprogramms geworden. Allerdings treten die bisherigen Kochsendungen mit einem gewissen didaktischen Anspruch an. Die jeweiligen Protagonisten erklären und sprechen direkt in die Kamera zu ihrem Publikum, das zunächst aus Hausfrauen und später zumindest aus Erwachsenen in geregelten Lebensverhältnissen besteht. Jamie Oliver spricht in diesen ersten Jahren nie in die Kamera. Er sendet aus einer betont normalen Küche, die offenbar Teil einer lustig engen Londoner Wohnung ist. Beim Kochen plaudert er die ganze Zeit mit einer Person, die irgendwo hinter der Kamera steht, und zerstreut so jedweden Anklang von Frontalunterricht.

Oliver zelebriert eine unverstellte, wilde Lust am Kochen, die eine ganze Generation Zwanzigjähriger an den Herd holt. Dabei gibt er sich betont untechnisch, alles ist frei von prätentiösen Zutaten und Techniken – nackt eben, wie es der Titel *Naked Chef* schon andeutet. Er zertrümmert die Knoblauchzehe mit der Weinflasche, quetscht Zitronen mit der Hand, fuchtelt mit der Käsereibe, verschmiert Butter mit den Fingern, zerhaut wild grimassierend die Koriandersamen im rustikalen Steinmörser. In der ersten Folge perforiert er lässig und ohne irgendwelche professionellen Tricks einen Lammbraten mit dem Messer, um die Löcher mit Knoblauch und Kräutern auszustopfen. Olivers Sendung fokussiert auf die schönen kleinen Momente beim Kochen: wenn die Kartoffeln im Ofen in der heißen Butter knusprig werden. Die Haut des Brathuhns brutzelnde Bläschen wirft. Die warme Schokolade im Teig zergeht. Das duftende Lamm auf einem groben Holzbrett in dicke Scheiben geschnitten wird. Zwischendurch fährt er mit seiner kleinen Vespa auf den Großmarkt und kauft leuchtende Chilis ein, plaudert mit anderen Köchen, kehrt wieder nach Hause zu seinem Kochtopf mit dem simmernden Schmorgericht zurück und öffnet kurz darauf einem zufällig vorbeikommenden Freund die Wohnungstür. *The*

Naked Chef zeigt nicht nur, wie man ein wohlschmeckendes Essen kochen kann. Es liefert gleich einen ganzen Lebensentwurf mit, der urban, gesellig, hip und genussvoll ist: Kochen wird zum Lifestyle.

Das hat weitreichende Folgen, denn zeitgleich mit Oliver, der schnell zur Berühmtheit wird und auf dessen Einfluss hin Studenten plötzlich Dinnerparties in ihren WGs ausrichten, entwickeln sich auch die sozialen Medien. Und seitdem Essen, des Menschen existenziellstes Bedürfnis, plötzlich cool ist, findet es zu ganz neuen Formen der Verbreitung und Inszenierung. Dazu gehört das permanente Fotografieren von Essen. Sobald es Smartphones gibt, werden Apps und Filter entwickelt, mit denen man Gerichte besonders ästhetisch inszenieren kann. Essen wird zu einem visuellen Erlebnis, das sich rasend schnell im Internet verbreitet. Ein entscheidendes Schlagwort taucht 2004 im Netz auf: »*Foodporn*«. Unter diesem Hashtag haben sich bis heute unzählige Motive angesammelt. Gemeint sind Bilder von Gerichten, die auf fast schon obszöne Weise appetitlich aussehen und mit einem gewissen voyeuristischen Verlangen betrachtet werden: Pizza, von deren Rändern Käse und Fett tropfen, riesige Burger mit hervorquellender Sauce, opulente Torten, Steaks, die unter wollüstigen Blicken auf einer Platte bereitliegen. Die Nähe zum »Augenschmaus« barocker Stillleben liegt auf der Hand, doch gibt es einen grundlegenden Unterschied: Die Gemälde des 17. Jahrhunderts stellen in der Regel rohe, unverarbeitete Produkte zur Schau. Obst, Gemüse und etwa Krustentiere sind zwar auch vergänglich, werden aber in ihrer frischen, ursprünglichen Form arrangiert. Die *Foodporn*-Motive dagegen zeigen den noch flüchtigeren Moment eines eben fertiggestellten Gerichts, sie sind lebendiger, dampfen und kleckern – schnell einen Schnappschuss machen und losgegessen! Insofern treffen diese Fotos weniger die bewundernden Augen als den Bauch und den Mund, in dem bereits das Wasser zusammenläuft.

Essen wird hier zu einem Gut, das auf vielerlei Ebenen konsumiert werden kann – unmittelbar, aber auch digital, als ästhetisches Vergnügen und als Erreger von Lust. Essen wird so außerdem zum Ausdruck oder Erkennungszeichen einer Community und eines Lebensstils, und hier kehren wir zurück zu Jamie Oliver. Seine Karriere beginnt während des Millenniums und der Phase allgemeiner Beunruhigung, die auf den 11. September folgt und in der sich viele Menschen in ihre Häuslichkeit und ihr engstes, sicheres Familienleben zurückziehen. Für diese Menschen kocht Oliver, ihnen bietet er einen emotionalen Schutzraum. Seine Küche des *comfort food* entspricht letztendlich dem *foodporn*: Gerichte, die überreich an Kohlenhydraten und Fett sind, die man sich »jetzt einfach mal gönnt«. Es sind aber auch Gerichte, die uns unmittelbar ein Gefühl des Wohlbehagens schenken und die Nostalgie wecken. Nudeln, Pizza, Schmorgerichte, das schmeckt alles nach Kindheit, nach etwas, das von Herzen gekocht ist. Während die avantgardistische Küche, die zeitgleich floriert, unter höchstem technischen Aufwand ein Essen erfindet, das entkörperlicht und losgekoppelt von allem Natürlichen ist, knetet Oliver sein Brot und zerstößt die Knoblauchzehen für einen zünftigen Braten, der uns glücklich zu Hause am Tisch Platz nehmen lässt, während die kalte Welt da draußen im zufriedenen Gluckern der Töpfe versinkt.

2003

Pilz-Muschel-Brühe an Heu, Königreich Dänemark

Ein kleines Büschel Heu, akkurat angeordnet in einer schlichten Schale. Aus einer kleinen Kanne dampft eine schwarzbraune, klare Brühe, sie wird über das Heu gegossen, seidiges Fett glitzert an ihrer Oberfläche. Das Heu saugt sich voll, sekundenlang. Dann, unbändig und wild wie ein explodierender Wischmopp, öffnet sich das Büschel mit einem einzigen Ruck, füllt die ganze Schale, prall wie eine sich öffnende Blüte. Man setzt die Schale an die Lippen und schlürft die Brühe durch das Heu, das nach sommerwarmen Wiesen duftet. Die Brühe schmeckt erdig und salzig, nach Wald und Meer. Das kleine Spektakel des aufplatzenden Heus: kein Zaubertrick der Molekularküche, sondern ein reiner Effekt der Natur.

Ähnlich dem sich öffnenden Heubüschel, wenn auch viel langsamer, in quälender, schneckenartiger Zeitlupe (der Prozess dauert immer noch an), erwacht das kollektive Bewusstsein nach der Jahrtausendwende mit dem Gedanken, dass es so nicht weitergehen kann. Das kurze Zeitalter der Menschen droht schon wieder seinem Ende zuzugehen. Inmitten dieser schlafwandlerischen Wahrheitsfindung eröffnet in Kopenhagen ein Restaurant, das eine weltweite kulinarische Bewegung auslösen wird. Die Rede ist natürlich vom *Noma* unter der kreativen Leitung eines Getriebenen, des Chefkochs René Redzepi. Seine Idee: Nur das kochen, was man in der unmittelbaren Umgebung des Restaurants findet. Dieser Anspruch an Regionalität ist besonders radikal in einem Land, in dem viele Monate lang so gut wie nichts wächst. Umso überraschender – auf den ersten Blick oft auch: unessbarer – sind die Produkte, die er findet und auf den Tisch bringt (und hierin liegt das Radikale; regional gekocht hat auch schon die *nouvelle cuisine*): fermentiertes Moos. Karamellisierte Bienenlarven. Eingelegte Birnen mit Salz aus Waldameisen. Oft wird es programmatisch schlicht: ein bisschen Eidotter, eine bescheidene Kartoffel, ein paar Holunderblüten. Fladenbrot mit Rosenblättern. Mousse von der Schafsmilch, dazu ein Granita aus Wiesengräsern. Gegrillter Lauch mit Asche, dazu Haselnuss, Joghurt und karamellisierte Hühnersauce.

Redzepis Konzept steht zunächst für eine neue nordische Küche, neu, weil sie extremer und kompromissloser gedacht ist als alles, was vorher in Skandinavien fermentiert, eingelegt und gekocht wurde. So gehört er auch zu den maßgeblichen Protagonisten des »*Manifesto for the New Nordic Cuisine*« von 2004, das die Umarmung regionaler und traditioneller Lebensmittel und die Rückkehr zur handwerklichen Produktion fordert. Damit drückt er eine neue Sehnsucht aus, die den Menschen des Post-Millenniums auf der ganzen Welt ergreift: die Sehnsucht nach dem Handgemachten, den kleinen lokalen Manufakturen und seit Generationen bestehenden Familienbetrieben. Diese Vision einer salonfähigen, weil ästhetischen Nachhaltigkeit erstreckt sich auf viele Lebensbereiche, wie aufs Möbeldesign, die Mode, den Buchdruck, das Reisen und ganz besonders auf die Kulinarik bis hin zu hochprozentigen Spirituosen, die jetzt aus kleinsten Destillerien kommen und am besten mit Etiketten versehen sind, die auf irgendeiner obskuren altmodischen Maschine bedruckt wurden.

Nachdem die Molekularküche das Essen dekonstruiert und ausgehöhlt hat, immer mit dem Ziel, die Natur zu übertreffen, nimmt Redzepis Küche die Gegenposition ein: Sie überhöht das einzelne Produkt, glorifiziert die Lauchstange, erhebt das Gras von der Wiese zum Kult. Der Mensch hat die Natur nahezu vollständig unterworfen und zerstört, jetzt sucht er wieder nach einer Beziehung zu ihr: Nachdem er sich kurz zuvor an die Spitze der Schöpfung gestellt hat, kriecht er jetzt, selig am Heu schnuppernd, vor ihr zu Kreuze. Das alles erreicht Redzepi, zum Beispiel, indem er wenige Zutaten handwerklich perfekt zubereitet, immer mit dem Ziel, das Produkt in seiner ganzen aromatischen Schönheit in den Mittelpunkt zu stellen. Seine kulinarische Technik paart er mit der Idee des kompromisslos Lokalen, der

»Nahrungssuche« in nächster Umgebung (diese macht sein Restaurant, dem Sterne und Auszeichnungen bald hinterhergeworfen werden, wohl vor allem berühmt, denn schon bald entsteht ein ganz eigenes literarisches Genre, das man als »auf Nahrungssuche mit Redzepi« betiteln könnte; Autorinnen und Journalisten reisen in den hohen Norden, um mit dem unaufgeregt freundlichen Chefkoch durch Wälder und Wiesen zu spazieren und einfach mal alles zu probieren, was da so wächst). Mit dieser Idee kehren die Menschen zu ihrem eigenen Urbild zurück: zum Sammler, der durch die Natur streift und nimmt und isst, was er finden kann.

Die Rückkehr zur sammelnden Naturverbundenheit schlägt in der gehobenen Gastronomie hohe Wellen (obwohl Tannenzapfen, Moos und Ameisen nichts kosten, ist die Verarbeitung für die Sterneküche doch so kostspielig, dass nicht alle sich die neue Vergötterung der Natur leisten können), sehr viele Restaurants mit ähnlichem Ansatz werden eröffnet. Von »brutaler Lokalität« ist die Rede oder auch von »alchemistischer Naturküche«, in der etwa mit Steinpigmenten gekocht oder auch mal ein Kürbis auf einen Ameisenhaufen gelegt wird, um die von der Säure zersetzte Frucht später zu vakuumieren und ein Püree daraus zu machen. Auch wenn es sich hier um eine elitäre Küche handelt, so ist die Einsicht, dass man keine exotischen Produkte vom anderen Ende der Welt exportieren muss, um ein anspruchsvolles Gericht zu kochen, eine wichtige und grundlegende. Manch gut meinender, aber dennoch weniger innovativer Koch überspannt da

aber leider den Bogen und lässt unter dogmatischen An-
sprachen eine pure Stange verkohlten Lauchs oder eine
Scheibe irgendeines mediokren Fischs aus einem nahe
gelegenen Tümpel servieren, der allerdings nach einer
coolen uralten Samurai-Technik geschlachtet wurde. In
solchen Momenten wünscht man sich, dass nicht jede
Zutat des überteuerten Zehn-Gänge-Menüs von dem
brachliegenden Parkplatz hinterm Restaurant stammen
möge. Verbranntes Gestrüpp bleibt eben Gestrüpp. Das
hätte auch der eiszeitliche Sammler nicht anders gesehen.

Salat von der Nomura-Qualle, Japan

Die späten Nullerjahre, irgendwo vor der Küste in der Nähe Tokios. Es ist ein kühler Morgen, als ein Fischerboot im ruhigen Tempo durchs Wasser gleitet. Ein einzelner Fischer lehnt oben an der Reling und blickt übers Meer. Plötzlich stutzt er, dann schreit er auf. In den Fluten unter ihm, ums gesamte Schiff herum, bis zum Horizont, ist das Wasser voller riesiger Quallen. Wie Aliens aus einer apokalyptischen Science-Fiction-Fantasie ziehen sie Richtung Land, stumm und unaufhaltsam. Die riesigen, bis zu zwei Meter großen Körper, schimmernde Glocken wie Pilzköpfe, schleppen meterlange Tentakel hinter sich her. Das ist die Nomura-Qualle, die seit einigen Jahren regelmäßig einer biblischen Plage gleich die Gewässer Japans heimsucht. Die gewaltigen Medusen kommen irgendwie aus der Richtung Chinas oder Südkoreas (dieser Frage möchte keiner zu genau nachgehen) und sind ein Produkt von Klimaerwärmung und Überfischung. Sie verkleben die Fangnetze und verschleimen oder zerdrücken die anderen Fische, bringen gar Schiffe zum Kentern, kurz: eine außer Kontrolle geratene Katastrophe aus den Tiefen eines Ozeans, dessen kompliziertes Gleichgewicht aus den Fugen geraten ist.

Ein ähnlich unheimlicher Fall trägt sich etwa zur selben Zeit in den USA zu, in den Gewässern im Bundesstaat Washington. Ein besorgter Bürger hat zwei Schlangenkopffische erworben, um seiner kranken Schwester eine Suppe aus den Fischen zu kochen, die in China heimisch sind und dort gern gegessen werden. Die Schwester genest schon vorher, weshalb die Wasserwesen im heimischen Aquarium gehalten werden, wo sie bald sehr groß werden. Schlangenköpfe sind bemerkenswert hässliche Fische mit räuberisch scharfen Zähnen. Als sie ihrem Halter zu wuchtig werden, setzt er sie in einem Teich hinter einem Einkaufszentrum aus. Dummerweise können Schlangenkopffische mehrere Tage lang an Land überleben und dort auch gewisse Strecken zurücklegen, indem sie ihre Seitenflossen senkrecht stellen und einfach vorwärtsrobben. Das Ergebnis: Der Fisch breitet sich im Fluss Potomac und dessen Nebengewässern aus und beginnt mit aggressivem Appetit die Gewässer leer zu fressen.

Ein paar Jahre später trippeln Krebse mit grellen schwarzroten Panzern über die regennassen Straßen des Berliner Botschaftsviertels, wandeln in Scharen über die Spazierwege des Tiergartens, baden in den Wasserläufen und Seen des Parks und verbreiten fröhlich die Krebspest: der Rote Amerikanische Sumpfkrebs, vermutlich von tierlieben Aquarianern in die vermeintliche Freiheit entlassen, wo sie die Populationen ganzer Gewässer vertilgen.

Seitdem der Mensch die Erde in großem Stil bereist und ausbeutet, hat er auch mit invasiven Arten zu tun. Was soll man dagegen unternehmen? Der erfolgversprechendste Weg, die verschiedenen Ökosysteme vor der totalen Invasion der aggressiven Eindringlinge zu schützen, ist, einen noch größeren Aggressor auf diese zu hetzen. Am besten gleich den gefährlichsten Räuber des gesamten Planeten: den Menschen. Bevor die invasiven Fremdlinge alles leer fressen, sollte der Mensch diese einfach zuerst aufessen.

Keine andere Spezies, die jemals den Planeten Erde bevölkert hat, kann sich so mühelos an das Versiegen einer Nahrungsquelle anpassen wie der Mensch. Mammut ist aus? Kein Problem, essen wir eben Büffel! Theoretisch isst der Mensch alles, und er kann als einziges Lebewesen auch alles weitestgehend genießbar machen, durch Kochen, Schmoren, Marinieren, Fermentieren, *you name it*. Mit dem Phänomen der invasiven Arten schlägt das Pendel in eine neue Richtung aus: Plötzlich ist ein bestimmtes Produkt im Überfluss da. Mehr noch, es verdrängt jede andere Art von Essen, man sollte sich also schleunigst zu Tisch setzen, bevor es von morgens bis abends nur noch Qualle gibt. Denn gerade diese könnte unser Essen der Zukunft sein: Sie vermehrt sich am besten unter all den dystopisch anmutenden Bedingungen, vor denen Klimaforscher bereits seit Jahrzehnten warnen, sie wird uns also vermutlich so schnell nicht ausgehen. Wissenschaftler sprechen bereits vom *rise of slime*. Und vielleicht ist das unser Glück, schließlich ist unsere Spezies so derart erfolgreich im Überleben und Sich-Vermehren, dass allmählich unweigerlich die Frage aufkommt: Was sollen wir noch essen? Die Qualle könnte uns eines Tages retten, nicht nur ist es offenbar unmöglich ihre Art komplett zu dezimieren, sie ist außerdem auch besonders gesund; völlig frei von Fett und Cholesterin enthält der amorphe Quallenkörper dafür Proteine, Natrium, Calcium, Kalium und Magnesium.

In China, zum Beispiel, weiß man das schon lange, dort ist die Nomura-Qualle eine beliebte Delikatesse. Hier wird sie in Salz eingelegt und getrocknet, so wird die Qualle knusprig (würde man sie an der Luft trocknen lassen, zerfiele sie zu Staub, kochte man sie, so entstünde einfach nur ein klebriger Schleim). In einer anderen Variante werden Quallen mit Knoblauch, Sojasauce und Koriander serviert, nachdem die getrockneten Tiere erst wieder in Wasser eingeweicht wurden. So verwandeln sie sich in glasige Streifen, etwas glitschig und doch fest, wie eine zu kurz gekochte Reisnudel. Auch in Japan isst man Qualle in würziger Marinade, man kann sie in Salaten und Suppen verwenden. Ein europäisches Forschungsteam namens »Go Jelly« hat es sich zum Ziel gesetzt, die Qualle auch in der westlichen Küche gesellschaftsfähig zu machen – bei einer globalen Bevölkerung von bald neun Milliarden Menschen wird auch der Wildbret und Pâté liebende Europäer irgendwann nicht darum herumkommen, sich mit der schlüpfrigen Kreatur anzufreunden. Deshalb haben die Wissenschaftler ein paar Vorschläge ausgearbeitet: Quallen-Carpaccio, mediterrane Quallensuppe, sous-vide gekochte Qualle mit falschem Kaviar, Qualle mit Nudeln und Sesamsauce.

Die Idee, invasive Tiere und auch Pflanzen nicht nur zu essen, sondern auch zu hippen Delikatessen aufzuwerten, wird zum Zukunftsmodell. Den Amerikanischen Sumpfkrebs aus Berlin gibt es als Fischbrötchen in einer Brioche oder auch als Basis einer Bouillabaisse. Die Wollhandkrabbe, noch so eine unerwünschte Einwanderin, kann als falscher Hummer durchgehen. In den USA haben sich die asiatische Strandkrabbe und wucherndes Pestwurz ungewollt breitgemacht, ein erstes Restaurant macht aus den beiden Komponenten Sushi. Der Mensch hat die großen und kleinen Invasionen der Arten an Land und im Wasser ausgelöst, da ist es nur recht und billig, wenn er jetzt die Suppe auslöffelt – die ja durchaus schmecken kann. Doch Vorsicht: Entfernt man beispielsweise bei der Nomura-Qualle die giftigen Tentakeln nicht ordnungsgemäß, so droht dem Konsumenten ernsthafte Gefahr. Ein weiterer kleiner Stachel im Fleisch der globalen Menschheit.

2020/21
Pandemisches Dinner, weltweit

Anfang 2020 bricht eine globale Pandemie aus und verwandelt Dörfer und Städte in einen apokalyptischen Science-Fiction-Film. Einwohner verbarrikadieren sich in ihren Häusern, auf den leer gefegten Straßen patrouilliert teilweise Militär. Gesichter verschwinden hinter Atemschutzmasken. Die Bewohner der Erde gehen auf Abstand zueinander. Begleitet von dem ständigen Gefühl traumartiger Absurdität ziehen einsame Einkäuferinnen in den Supermärkten an den verglasten Kühltheken mit plastikverpackten Waren vorbei, selbst möglichst keimfrei verhüllt, und studieren die Hinweise auf rationierte Produkte. Diese Monate – oder: Jahre – sozialen Distanzierens machen etwas mit uns, sie provozieren gesellschaftliche Debatten über die große Frage, wie wir eigentlich leben wollen. Viele dieser Diskurse drehen sich ums Essen: Isolation und Gemeinschaft, Hamsterkäufe und Angst, Trost, Sehnsucht, Heilung und der Traum vom Selbstversorgen werden hier verhandelt.

Das gemeinsame Mahl ist ein Grundpfeiler menschlichen Daseins. Während der Lockdowns wird das deutlich wie lange nicht mehr. Viele Familien, die in einen gemeinsamen Haushalt gebannt sind, kehren in der Pandemie geeint zurück an den Esstisch. Die klassischen drei Mahlzeiten, eigentlich schon als gestrig und unflexibel abgetan, strukturieren wieder den Alltag, der ansonsten ein nie abreißender Strom aus Home Office und Heimunterricht ist. Restaurants dagegen werden zu Sperrzonen, Dinnerparties sind verboten. Also speist man zusammen in Videokonferenzen, organisiert digitale Mehr-Gänge-Menüs und Weinverkostungen. Der gemeinsame Tisch, auf dem die Speisen stehen, die wir eigentlich alle zeitgleich riechen, kosten und teilen, er wird zum virtuellen Phänomen. Wie auch die Flut an Bildern unserer kulinarischen Kreationen, die mit neuer Wucht das Netz fluten. Hier geht es jetzt weniger um *foodporn* denn um den Stolz aufs Hausgemachte. Denn: Während der Pandemie kocht und backt der Mensch, als würde er wirklich mit keinem Morgen mehr rechnen. Lebensmittelhändler vermerken explosionsartige Anstiege im Verkauf würziger Saucen und exotischer Gewürze. Mehr Geschmack, mehr Unbekanntes zieht in die heimischen Küchen ein, in den Dampfgarern und neu angeschafften Woks brodelt das Fernweh. Und der Mensch backt wieder. Brot, Unmengen an Brot, wie einst seine Vorfahren. Bis er entgeistert in die Leere des Supermarktregals starrt. Zum ersten Mal seit vielen Generationen erlebt der Mensch, dass nicht mehr genug Mehl zum Brotbacken da ist.

Wer nicht kocht, lässt liefern. Kontaktlos ist die Losung. Maskiert öffnet man die Tür, um das Liefergut von der Schwelle aufzunehmen, wo es der nicht minder vermummte Überbringer wie einen Sprengsatz deponiert, bevor er sich in einer Ecke des Treppenhauses in Sicherheit bringt. Das Essen liegt isoliert in seinen undurchlässigen Boxen und Tüten. Weltweit am häufigsten bestellt: die Pizza. Fettiger und teigiger Seelentröster Nummer eins, der flüssige Käse eine wohlig warme Umarmung. Tröstlich wie all die guten Backwaren, die in unseren Öfen duften und unsere Sinne einlullen, wie die Bonbons, deren Süße kurz vergessen lässt, oder all die anderen kleinen, feinen Snacks, deren Verkauf ebenfalls boomt. Der nächste Backlash des *comfort food*, in den letzten Jahrzehnten ein verlässlicher Begleiter jeder globalen Krise – mit einer deutlichen Parallele zum Mittelalter, in dem auf jede Hungersnot exzessive Fressgelage folgen. Ans Mittelalter erinnert auch eine neu auflebende Beschäftigung mit den heilenden Kräften bestimmter Speisen. Mittel zur Nahrungsergänzung, die wohl die Abwehr des Körpers gegen das kursierende Virus stärken sollen, werden plötzlich überall gekauft. Aber auch: Obst und Gemüse, am liebsten aus lokalem Bioanbau. Der eigene Körper soll genauso gesunden wie die Umwelt.

Jeder träumt nun die Fantasie des Selbstversorgers. Das Brotbacken, das Konservenhorten, das Einmachen und Fermentieren, es reicht noch nicht. Schon im Ersten Weltkrieg war keine Parzelle zu klein für die Kartoffelzucht. Und auch jetzt werden auf Fensterbänken, Balkonen, brachliegenden urbanen Flächen und in den Gärten Salate, Kräuter und Gemüse angebaut. Der Schrebergarten wird des Hipsters größte Sehnsucht. Wartelisten für die Kleingartenkolonien wachsen ins Unermessliche. So ziehen wir uns immer mehr in unsere Kokons zurück, wie Maden im Speck mit Kurkuma-Infusion.

Und dann ist der Spuk vorbei. Wir reißen die Türen unserer mittlerweile perfekt gestylten Apartments weit auf und rennen zurück in die Restaurants, in die Arme unserer lange nicht berührten Liebsten. Die Brotbackmaschinen und Santokumesser verstauben in den Regalen. Was wird bleiben aus diesem Ausnahmezustand pandemischer Dinner und Kochexzesse? Zukunftsforscher glauben, dass der Mensch sich noch verstärkter für »erlebbares« Essen begeistern wird. »Das beginnt für Konsumenten beim Einkauf auf dem Wochenmarkt, ab Hof, beim Bäcker, Metzger oder in Feinkostläden, wo sie reden, riechen, probieren oder die Atmosphäre der Produktionsstätte einfangen können«, heißt es bereits im Food Report des Zukunftsinstituts von 2021. Essen als Erlebnis für alle Sinne: Das wäre doch eine sehr gute Sache. Denn je mehr wir über unsere Nahrungsmittel erfahren, je bewusster wir ihren Geschmack und ihre Vielfalt genießen, desto verantwortlicher werden wir hoffentlich mit unseren essbaren Ressourcen umgehen. Und können am Ende mit dem, was wir essen, unsere Geschichte der Menschheit vielleicht doch noch zum Guten wenden.

Literatur

Alle Onlinequellen wurden aufgerufen im März 2023.

1   Yuval Noah Harari: *Eine kurze Geschichte der Menschheit,* München 2015, S. 106.
2   Martin Köder: *Lebensfroh trotz Gleichberechtigung. Das Alltagsleben der Etrusker,* Wissenschaft.de am 20.12.2005, https://www.wissenschaft.de/magazin/weitere-themen/lebensfroh-trotz-gleichberechtigung/.
3   Wolfgang Korn: *50 Klassiker Archäologie. Die wichtigsten Fundorte und Ausgrabungsstätten,* Hildesheim 2003, S. 93.
4   Jerónimo Lobo: *A Voyage to Abyssinia,* Dorset 1887 (Übers. d. Autorin, nach https://www.gutenberg.org/cache/epub/14 36/pg1436-images.html).
5   Emilius Albert de Cosson: *The cradle of the Blue Nile. A visit to the court of King John of Ethiopia,* London 1877, S. 98 (Übers. d. Autorin).
6   Medicus Anthimus: »Incipit Epistula Antimi Viri Inlustri Ad Theudoricum Regem Franchorum«, in: Lorscher Arzneibuch, Lorsch Anfang 9. Jahrhundert (Übers. Ulrich Stoll), S. 72 v.
7   Hirscher, Petra: *Heilen und Kochen mit Hildegard von Bingen,* Stuttgart 2010, S. 84.
8   Vgl. Alvise Cornaro: *Vom maßvollen Leben oder die Kunst gesund alt zu werden.* Hrsg. von Klaus Bergdolt, Regenbrecht Verlag 2022.
9   Robert Gugutzer: »Körperkult und Schönheitswahn. Wider den Zeitgeist«, in: Körperkult und Schönheitswahn, aus: Politik und Zeitgeschichte 18/2007, S. 4.

10 Heinrich Hoffmann: *Lustige Geschichten und drollige Bilder mit 15 schön kolorierten Tafeln für Kinder von 3–6 Jahren.* Literarische Anstalt, Frankfurt am Main: 1845, S. 17.

11 Unbekannter Autor: *Koch vnd Kellermeisterey,* Frankfurt am Main 1559 (nach https://www.uni-giessen.de/de/fbz/fb05/germanistik/absprache/sprachverwendung/gloning/tx/kochkell.htm).

12 Stefan Scholl: »Borschtsch soll Welterbe werden. Russland und Ukraine streiten um Rote-Bete-Suppe«, in: Lindauer Zeitung, November 2020.

13 Pressekonferenz des russischen Außenministeriums vom 8. April 2022 (Übers. d. Autorin).

14 UNESCO: Culture of Ukrainian borscht cooking, 2022 (Übers. d. Autorin, nach https://ich.unesco.org/en/USL/culture-of-ukrainian-borscht-cooking-01852).

15 NGO Institute of Culture of Ukraine: Bewerbungsfilm für die Aufnahme in die UNESCO-Liste des immatriellen Weltkulturerbes, 2020 (Übers. d. Autorin, nach https://ich.unesco.org/en/USL/culture-of-ukrainian-borscht-cooking-0185 2).

16 Georg Philipp Harsdörffer: *Vollständiges und von neuem vermehrtes Trincir-Buch,* Nürnberg 1657, S. 210.

17 Massimo Montanari: *Der Hunger und der Überfluß. Kulturgeschichte der Ernährung in Europa,* München 1993, S. 142.

18 Julia Child: *Französisch kochen,* Basel 2018, S. 67f.

19 Wolfram Siebeck: *Kochschule für Anspruchsvolle,* München 1976, S. 45.

20 Eduard von Keyserling: »Zur Psychologie des Komforts«, in: Keyserling: Feiertagsgeschichten, Göttingen 2008, S. 122.

21 Ebd. S. 121.

22 Joachim Nettelbeck: *Des Seefahrers Joachim Nettelbeck höchst erstaunliche Lebensgeschichte von ihm selbst erzählt,* Göppingen 1994 (Erstdruck 1821), S. 2f.

23 Antonia Humm/Marina Heilmeyer/Kurt Winkler (Hg.): *König & Kartoffel. Friedrich der Große und die preußischen »Tartuffoli«,* Berlin 2012, S. 102.

24 Ebd.

25 Hedwig Heyl: *ABC der Küche,* Berlin 1888, S. 297.

26 George Kennan: *Sibirien*. Leipzig 1891 (zitiert nach https://www.projekt-gutenberg.org/kennan/sibirien/part2chap006.html).

27 Christian Kassung: Fleisch. *Die Geschichte einer Industrialisierung*, Paderborn 2021, S. 124.

28 Christian Brandstätter: »Hier kann man allein und doch in bester Gesellschaft sein«, Welt.de am 3.1.2021, https://www.welt.de/iconist/unterwegs/article223585952/Wiener-Kaffeehaeuser-Ueber-die-Kultur-des-Kaffeehauses-von-A-bis-Z.html#:~:text=Powidltascherl%3A%20Die%20imperialen%20Kaffeeh%C3%A4user%20am,S%C3%BC%C3%9Fspeisen%20eher%20in%20der%20Konditorei.

29 Beatrix Novy: »Der König der Kaffeehausliteraten. Vor 100 Jahren starb Peter Altenberg«, Deutschlandfunkkultur.de am 8.1.2019, https://www.deutschlandfunkkultur.de/vor-100-jahren-starb-peter-altenberg-der-koenig-der-100.html.

30 Präsidentin der Universität Göttingen (Hg.): *Die alte Mensa am Wilhelmsplatz. Geschichtsträchtiges Tagungshaus*, Göttingen 2016, S. 31.

31 Judith Hecht: »Pablo Picasso: Sogar ein Kochtopf kann schreien«, Falstaff.com am 8.11.2021, https://www.falstaff.com/de/news/pablo-picasso-sogar-ein-kochtopf-kann-schreien.

32 Alice B. Toklas: *Das Alice B. Toklas Kochbuch. Kochen für Gertrude Stein und ihre Gäste* (Übers. Frieda Grafe), Frankfurt am Main und Leipzig 1999, S. 38.

33 Andrew Lam: »The Marvel of Bánh mì. From France to Vietnam and beyond: Journey of a Sandwich«, in: Cairo Review 18/2015, S. 69 (Übers. d. Autorin).

34 Ebd.

35 Yang Jisheng: *Grabstein – Mùbei: Die große chinesische Hungerkatastrophe 1958–1962*, Frankfurt am Main 2012, S. 460.

36 Essen & trinken (Hg.): *Kalte Küche von A–Z* (Rezeptkarten), Hamburg 1977.

37 L. Fritzsche: Illustrierte Tafelkultur, Servietten-Album, Leipzig 1918, S. 47f.